中等职业教育会计专业课程改革系列教材

统计基础与技能习题集

主　编　秦宏君　刘安邦

参　编　任洪润　韩　峻　胡　艳

主　审　彭纯宪

机械工业出版社

本习题集是《统计基础与技能》的配套教学用书，是为学生巩固统计基本理论知识，提高实务操作能力，在主教材“课堂训练”基础上进一步开展的实训和练习。在编排时紧扣教材内容，充分考虑中等职业学校学生的知识层次和接受能力，对学生所学的知识进行多角度、多层次、多方式、全方位的训练。具体安排有为你支招、填空题、单项选择题、多项选择题、判断题、填图表题、计算题、实训题等内容。

为更好地满足教学需要，习题均配有参考答案。学生在使用本习题集时，应掌握正确的学习方法，首先要认真学习主教材，多思考，独立完成习题，最后对照答案；如果还有疑问，再向教师请教以达到事半功倍的效果。本书既可供中等职业学校商贸类相关专业学生统计课程学习巩固训练使用，也可作为初级统计专业人员统计从业资格考试补充训练资料使用。

图书在版编目（CIP）数据

统计基础与技能习题集/秦宏君，刘安邦主编．—北京：机械工业出版社，2011.8（2023.2 重印）
中等职业教育会计专业课程改革系列教材
ISBN 978-7-111-35486-4

Ⅰ．①统…　Ⅱ．①秦…　②刘…　Ⅲ．①统计学—中等专业学校—习题集
Ⅳ．①C8-44

中国版本图书馆 CIP 数据核字（2011）第 163820 号

机械工业出版社（北京市百万庄大街 22 号　邮政编码 100037）
策划编辑：宋　华　责任编辑：李　兴
封面设计：马精明　责任印制：常天培

北京机工印刷厂有限公司印刷

2023 年 2 月第 1 版第 8 次印刷
184mm×260mm・4.75 印张・115 千字
标准书号：ISBN 978-7-111-35486-4
定价：19.80 元

电话服务
客服电话：010-88361066
010-88379833
010-68326294

网络服务
机　工　官　网：www.cmpbook.com
机　工　官　博：weibo.com/cmp1952
金　　书　　网：www.golden-book.com
机工教育服务网：www.cmpedu.com

前　言

职业技术教育是适应当前世界各国经济而必须大力发展的一种国民教育模式，其成败与优劣直接关系着国计民生。因此，提高对职业技术教育的认识、转变传统的教育模式就是指导我们编写《统计基础与技能习题集》的初衷。本习题集是以适应社会发展 、适应市场需求为导向，把对统计基础基本理论的理解，运用于统计工作实践的实际操作，有利于学校正确把握中等职业教育的人才观、质量观和发展观，把握了中等职业教育的定位和发展方向；有利于促进职业技术教育面向经济建设的实际需要，主动适应社会、适应市场，准确把握市场对人才规格的要求，培养出国家经济建设需要、社会欢迎的人才。

近年来，在立足于教育部关于“培养具有综合职业能力，在生产、服务、技术和管理第一线工作的高素质劳动者和中初级专门人才”的培养目标指导下，我们对改进职业技术教学进行了多种尝试。本习题集是《统计基础与技能》的配套教学用书，是在主教材的“课堂训练”基础上进一步开展的实训和练习，以巩固统计基本理论知识，提高实务操作能力。在编排时紧扣教材内容，按主教材的项目和任务顺序编排，对知识点进行多角度、多层次、多方式、多方位的训练。本习题集设有为你支招、填空题、判断题、单项选择题、多项选择题、填图表题、计算题和实训题等内容，为学生探究知识和深化学习提供更完整更全面的知识支撑。另外，为了方便教师教学和学生自主学习，还提供有大量的网络学习资源，读者可以从网站（http://www.cmpedu.com）免费下载电子课件、参考答案及教学建议等。欢迎广大教师加入中职会计专业交流群（124688614），分享教学资源和交流教学经验。

本书由武汉市财贸学校原校长、高级讲师、武汉市学科带头人彭纯宪主审，秦宏君、刘安邦主编。具体的编写分工是秦宏君编写项目一和项目三、刘安邦编写项目二和项目六、任洪润编写项目四和项目五、胡艳编写项目七、韩峻编写项目八，最后由秦宏君统稿。

由于时间仓促，加之编者的水平有限，书中缺点、错误在所难免，恳请广大师生及读者批评指正。

编　者

目　录

前言
项目一　统计预备知识……1
项目二　统计调查……12
项目三　数据资料的整理……18
项目四　数据资料的显示……33
项目五　统计常用的指标……39
项目六　抽样法基础知识……48
项目七　动态分析与指数分析……57
项目八　统计分析基础知识……68

项目一　统计预备知识

为你支招

本项目是统计学习的开端，也是统领全书的理论基础。本项目的重点是统计的含义及三层含义的关系，难点是几个重要的统计基本概念以及 Excel 的基本操作。它们是以后学习各统计方法与概念的起点。

为了掌握重点，化解难点，建议你：①独立完成“实训题”，养成“做中学”的好习惯，这有利于你掌握本项目的学习重点，提高统计实践能力。②对“填空题”、“单项选择题”、“多项选择题”“判断题”和“填图表题”，要多“想一想”，提倡与同学“议一议”，因为本项目的难点就隐含在题目中。只要真正理解并做对这些题，你就会化难点于无形。

填空题

1．统计是指对与某一现象有关的__________、__________、__________和________等活动。换言之，从简单的__________到复杂的__________等一系列与________打交道的工作都可以叫做统计。

2．在实际应用中，人们对“统计”一词的理解一般有三层含义：____________、____________和__________。

3．__________职能是统计的基本职能，是__________和__________职能能够发挥作用的保证，__________和__________职能的强化又会反过来促进__________职能的优化。

4．统计的过程应从两方面来理解。首先，作为统计的__________、__________和分析的活动，统计的过程表现为统计____过程；其次，表现为统计的______过程。统计就是通过对社会经济现象进行________、________来认识其________和________的一种认识过程。

5．标志是__________________。标志的具体表现是指____________________，分为__________表现和__________表现。品质标志的具体表现是用________来说明的。数量标志的具体表现通过________来说明。数量标志的具体表现称为________或________。__________是标志的承担者。标志名称是统计所要调查的________，标志表现是统计调查的________。

6．各种说明________综合________特征和________关系的________资料，称为统计指标。可见，统计指标是反映总体现象数量特征的________和____________，简称指标。它是将____________或________汇总起来或进一步________的结果，而且必须用________表示。

7．一个完整的指标概念通常包括六个构成要素，即________、________、__________、

____________、____________、____________。这_____个要素可归纳为_________和_________两个部分。

8．统计指标按其说明总体现象的性质不同，可分为____________和____________。数量指标是反映总体现象_____________和_____________的统计指标。它有两种表现形式：一是___________，即说明一个总体内部_____________的总数的总量指标；二是_____________，即反映总体中各单位________________________的总和。

9．质量指标是用相应的数量指标进行_________所得到的反映社会经济现象____________或__________，表明_______关系的指标。

10．由_________________、_________、_________的统计指标组成的一个_________，称为统计指标体系。它有两种不同的表现形式：①各指标之间存在着确定的对应关系，可以利用__________来表现。②框架式联系的指标体系，通过________的关系表现出来。

单项选择题（请将最佳选项代号填入括号中）

1．构成总体，必须同时具备（　　）。

A．总体性、数量性、同质性　　B．总体性、同质性、差异性

C．社会性、同质性、差异性　　D．同质性、差异性、大量性

2．要了解某工业企业职工的文化水平，则总体单位是（　　）。

A．该工业企业的全部职工　　B．该工业企业的每一个职工

C．该工业企业每一个职工的文化程度　　C．该工业企业全部职工的文化程度

3．统计总体的同质性是指（　　）。

A．总体各单位具有一个共同的品质标志或数量标志

B．总体各单位具有若干个各不相同的品质标志或数量标志

C．总体各单位具有某一个共同的品质标志属性或数量标志数值

D．总体各单位具有若干个各不相同的品质标志属性或数量标志属性

4．已知某市 10 所职业学校全部教师每个人的工资资料，如要调查全市 10 所职业学校教师的工资水平情况，则统计总体是（　　）。

A．全市 10 所职业学校的全部教师　　B．10 所职业学校

C．10 所学校教师的平均工资　　D．10 所学校每个教师的工资

5．一个总体（　　）。

A．只能有一个标志　　B．可以有多个标志

C．只能有一个指标　　D．可以有多个指标

6．某职工月工资为 1 200 元，“工资”是（　　）。

A．品质标志　　B．数量标志

C．变量值　　D．指标

7．某企业两名职工的工资分别为 900 元、1 000 元，则这两个数值是（　　）。

A．指标　　B．标志

C．变量值　　D．变量

8．以一等品、二等品、三等品来衡量某产品的质量好坏，则该产品等级是（　　）。

A．品质标志　　B．数量标志

C．质量指标　　D．数量指标

9．数量指标一般表现为（　　）。

A．绝对数　　B．相对数

C．平均数　　D．中位数

10．下列属于完整的指标的是（　　）。

A．华盛公司固定资产 60 亿元

B．2009 年产值 9 000 万元

C．2009 年 1 月 1 日华盛公司职工人数 306

D．2009 年华盛公司上缴税金 1.5 亿元

11．以各工业企业为调查单位，所有工业企业的“全员劳动生产率”是（　　）。

A．数量指标　　B．数量标志

C．质量指标　　D．标志总量

12．调查某市职工家庭生活状况，则总体是（　　）。

A．该市全部职工家庭　　B．该市每个职工家庭

C．该市全部职工　　D．该市职工家庭户数

13．下列标志中属于品质标志的是（　　）。

A．企业的职工人数　　B．企业的所有制形式

C．企业的产值　　D．企业职工平均工资

14．下列数据中属于数量标志的是（　　）。

A．学生的性别　　B．学生的年龄

C．学生的专业　　D．学生的家庭住址

15．某班有 45 名学生，把他们的期末数学成绩加起来除以 45，就是（　　）。

A．对 45 个标志求平均　　B．对 45 个变量求平均

C．对 45 个变量值求平均　　D．对 45 个指标求平均

16．下列关于变量类型说法正确的是（　　）。

A．某企业的年利润额是离散变量　　B．全国人口数是连续变量

C．火车行走的里程是离散变量　　D．粮食产量是连续变量

17．以全市企业为总体，则“全市工人人数”为（　　）。

A．标志　　B．变量

C．指标　　D．总体单位总数

18．对全班学生的基本情况进行统计研究，下列项目属于指标的是（　　）。

A．性别　　B．每个学生的各科考试成绩平均分

C．平均身高　　D．视力

19．在 Excel 表格中，要用公式求各单元格数值与 D 列第 6 行数值的比值，则该公式分母是（　　）。

A．D6　　B．$D6

C．D$6　　D．$D$6

20．在 Excel 表格中用函数计算从 B 列到 E 列、第 2 行到第 10 行数值的总和，正确的公式表达式是（　　）。

A．“=SUM（B2：B10+E2：E10）”

B．“=SUM（B2：B10）+SUM（E2：E10）”

C．“=SUM（B2：E10）”

D．“=SUM（B2）：SUM（E10）”

多项选择题（每题有两个或两个以上的答案，请将正确选项代号填入括号中）

1．下列关于人口普查的描述，正确的有（　　）。

A．全国人口数是统计总体　　B．总体单位是每一个人

C．全国男性人口数是统计指标　　D．人口的年龄是变量

E．人口的性别比是统计指标

2．在全国人口普查时，全国人口总体是（　　）。

A．有限总体　　B．无限总体

C．可相加总体　　D．不可相加总体

E．既是大总体又是小总体

3．下列属于品质标志的有（　　）。

A．民族　　B．职业　　C．职称

D．文化程度　　E．产品等级

4．变量就是可以取不同的值的量；变量的具体数值表现就是变量值。下列对变量理解正确的有（　　）。

A．各种数量标志和所有的统计指标都是变量

B．变量不包括品质标志

C．所有的标志值和指标值都只是变量值

D．某个工业企业总产值 150 万元是个变量值

E．某个工业企业总产值 150 万元是个变量

5．下列属于离散变量的是（　　）。

A．人数　　B．身高　　C．工厂数

D．机器台数　　E．人的年龄

6．对某企业职工情况进行统计调查，下列项目是统计指标的有（　　）。

A．年龄　　B．平均工资

C．男职工所占比例　　D．女职工人数

E．所有的部门

7．下列属于数量指标的有（　　）。

A．国民生产总值　　B．国民收入　　C．劳动生产率

D．人口密度　　E．粮食总产量

8．下列属于质量指标的有（　　）。

A．商品销售额　　B．学生人数

C．新生儿男性所占的比重　　D．资金利润率

E．税收总额

9．要了解某地区全部成年人口的就业情况，那么（　　）。

A．该地区全部成年人是研究的总体

B．“成年人口就业率”是统计指标

C．“职业”是数量指标

D．某人职业是“教师”，这里的“教师”是标志

E．30 岁以下的成年人口数占全部成年人的比例是质量指标

10．社会商品零售总额是（　　）。

A．总量指标　　B．质量指标

C．绝对数　　D．相对数

E．平均数

判断题（正确的打“√”，错误的打“×”）

1．统计学是先于统计工作而发展起来的。（　　）

2．统计是研究量的，但却不是从定量开始的，而是从定性开始的。（　　）

3．数量指标是统计中最基本的指标。（　　）

4．质量指标的数值一般为绝对数，质量指标是反映现象本身质量或效益的统计指标。（　　）

5．总体和总体单位之间有变换关系，而标志和指标之间没有变换关系。（　　）

6．指标体系是由若干相互联系、相互制约、相互补充的指标结合在一起形成的一个整体。（　　）

7．统计总体可分为同质总体和不同质总体、有限总体和无限总体。（　　）

8．标志的具体表现是指在所属的标志名称之后列示的属性或数值。（　　）

9．年龄、身高、体重是用数量来表示的，是指标。（　　）

10．变量按其值是否连续，可以分为确定性变量与随机性变量。（　　）

填图表题

1．在图 1-1 中填写括号中统计三层含义的关系。

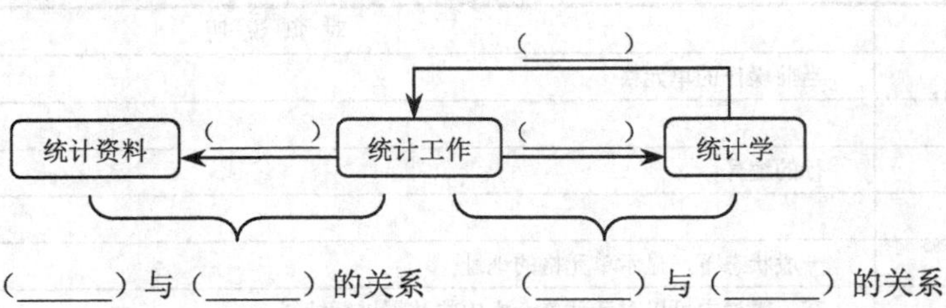

图 1-1　统计三层含义之间的关系图

2．在图 1-2 中填写统计工作过程中空缺部分的内容。

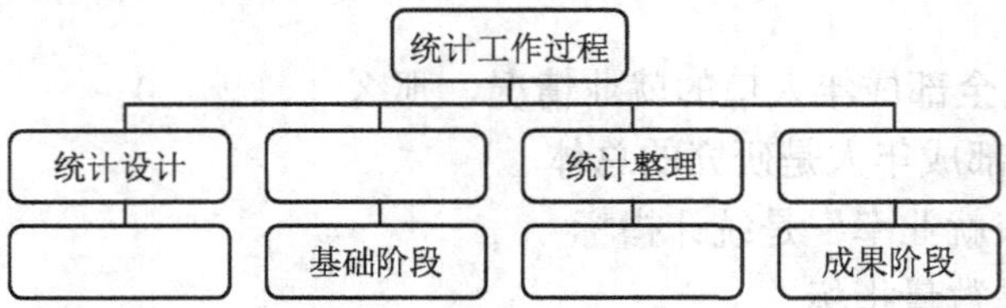

图 1-2　统计的工作过程图

3．在图 1-3 中填写统计的认识过程中空缺部分的内容。

图 1-3　统计的认识过程

4．填出图 1-4 方框中空缺部分的内容。

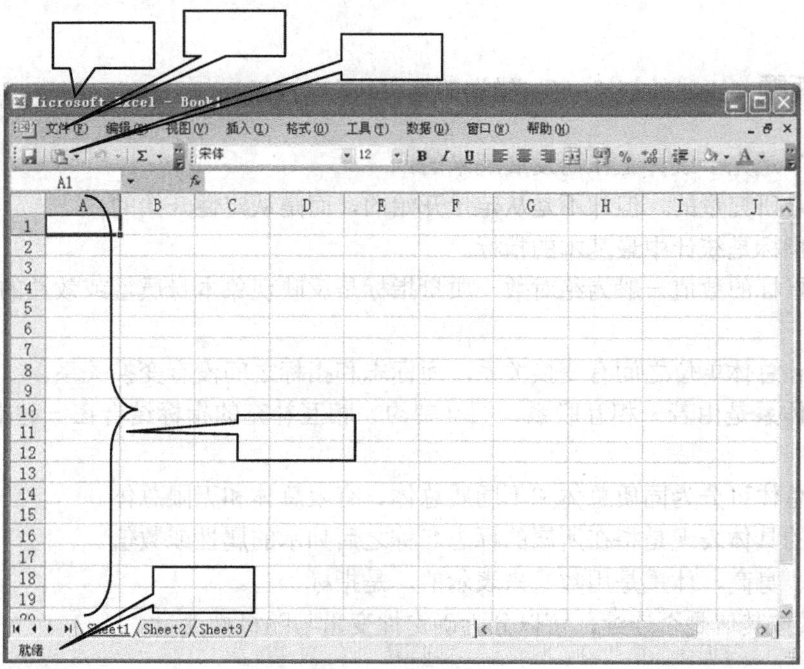

图 1-4　Excel 界面

5．填写表 1-1 中空缺部分内容。

表 1-1　“操作区”中的对象名称及说明

对 象 名 称	对 象 说 明
	当前操作的单元格
列标	
	行的编号
全选按钮	
	一般状态下，显示单元格的地址
	在编辑栏中可以对活动单元格中的数据进行编辑
工作表编辑区	

6. 对应表 1-1 中的对象名称及说明，将对象名称填入图 1-5 中。

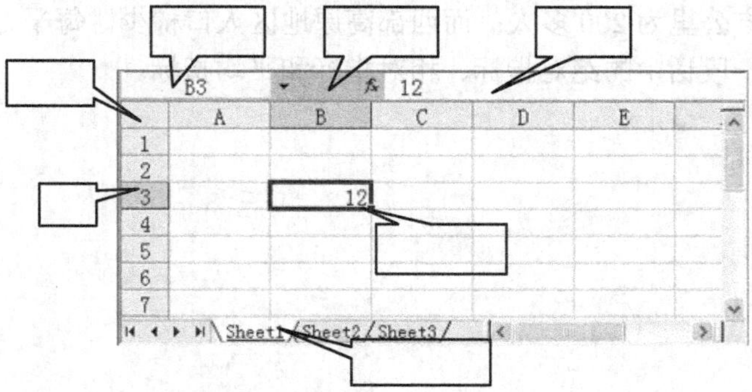

图 1-5 “操作区”中的对象名称

实训题

实训一

【实训目的】掌握与统计相关的六个基本概念，运用所学概念对社会经济现象作出解释说明。

【实训要求】阅读材料，讨论、判断，回答问题。

【实训资料】

资料一

现将全国工业企业按所有制形式不同，分为国有控股企业、集体所有制企业、股份制企业、外商及港澳台投资企业四种类型。2009 年全国工业企业增加值 134 625 亿元，比 2008 年增长 8.3%；规模以上工业增加值增长 11.0%，其中国有及国有控股企业增长 6.9%，集体企业增长 10.2%。某一国有控股工业企业增加值为 73 亿元。

在上述文字中有无总体、总体单位、指标、标志、变异、变量、变量值？如果有，请将它们一一指出来，并加以说明。

资料二

我国是世界上人口最多的国家。1999 年底，在我国居住着 125 909 万人（不包括我国香港特别行政区、我国澳门特别行政区和我国台湾省），约占世界总人口的 22%。我国每平方公里平均人口密度为130人，且分布很不均衡：东部沿海地区人口密集，每平方公里超过400人；中部地区每平方公里为200多人；而西部高原地区人口稀少，每平方公里不足10人。

请指出以上这一段话中的绝对指标、相对指标和平均指标。

实训二

【实训目的】熟练掌握与统计相关的六个基本概念，对社会现象作出正确分析和判断。

【实训要求】阅读材料，思考判断，填表回答问题。

【实训资料】见表1-2。

表1-2 社会现象的统计解析

实　例	总体（对象）	总 体 范 围	总 体 单 位	调查内容（标志）
研究本班学生的学习情况				
研究本校各班的出勤情况				
研究本市职业学校的招生情况				
对本校学生的上网时间调查				
研究某牛奶厂的牛奶产量				
研究本市交通事故发生情况				

实训三

【实训目的】理解统计的基本概念，并能进行简单计算和正确判断。

【实训要求】阅读资料，计算并分析判断，回答问题。

【实训资料】

现有某车间工人工资调查资料如下（单位：元）：

750　450　850　950　550　950　550　650　750　850

650　650　850　750　650　850　750　850　750　750

（1）计算出该车间工资总额，计算出平均工资。

（2）计算高于平均工资人数及其比重。

（3）根据以上资料及计算结果指出对应的内容：统计总体、总体单位、总体单位总量、标志、标志值、总体标志总量、质量指标、平均数、相对数。

实训四

【实训目的】熟悉和掌握 Excel 软件的基本操作。

【实训要求】创建一个新 Excel 工作表，正确输入表 1-3 中各类型数据，并运用函数或编辑公式等功能完成表中各项计算。

【实训资料】见表 1-3。

表 1-3　某班 30 名学生资料及期末考试成绩一览表

学　号	姓　名	出生年月	语　文	数　学	英　语	体　育	期末总分	期末均分
01	张静	1993-03-05	92	85	85	76		
02	向婷	1991-11-12	89	94	88	84		
03	黄银	1992-10-25	93	88	83	73		
04	牟剑侠	1991-04-27	92	96	82	83		
05	胡敏	1992-12-26	92	93	81	75		
06	王沁	1993-03-20	93	88	65	80		
07	沈诗琪	1992-12-01	88	77	78	80		
08	张慧	1992-08-31	91	92	79	84		
09	夏瑶	1992-11-23	82	83	72	75		
10	钱敏	1992-09-21	80	90	89	73		
11	袁雨虹	1992-08-10	67	90	63	96		
12	余梦	1993-12-20	70	80	69	77		
13	黄汉荣	1993-08-15	66	84	86	78		
14	许诗笛	1991-06-07	85	90	79	89		
15	王晶	1991-10-01	80	92	93	78		
16	邓慧娟	1993-08-08	89	60	93	81		
17	黄侠	1992-08-12	90	60	86	86		

（续）

学号	姓名	出生年月	语文	数学	英语	体育	期末总分	期末均分
18	万元	1992-10-23	79	69	79	70		
19	张畅	1991-08-27	74	86	70	75		
20	吴红梅	1993-09-09	82	84	65	78		
21	邓世佳	1993-11-02	80	94	70	71		
22	向玉婷	1992-12-03	88	83	63	77		
23	芦佳慧	1993-03-25	77	66	86	66		
24	吴莉	1993-03-06	83	60	79	75		
25	叶贝	1991-09-27	75	60	78	86		
26	杨雪婧	1993-06-09	76	66	76	56		
27	李玲玉	1992-07-09	80	71	63	77		
28	王慧	1989-09-19	72	65	74	77		
29	刘程程	1992-08-14	55	64	69	70		
30	邹莉	1993-09-08	80	60	66	51		
全班各科总分								
全班各科平均分								

【实训步骤】

（1）创建一个新 Excel 工作表，将该工作表以自己的名字加 1 命名并存盘（例如：你的名字叫张三，则该工作表命名为“张三 1”）。

（2）将以上资料输入到 Sheet1 中，正确输入“学号”、“姓名”、“出生年月”以及各科目分数等数据，并将 Sheet1 重命名为“某班 30 名学生资料”。

（3）运用函数或编辑公式完成第一位学生总分和平均分的计算，再用公式复制的方法完成其他各项计算。

（4）计算全班各科总分及各科平均分。

（5）你是通过哪几个步骤完成以上计算的？请将操作步骤整理出来或口述一遍。

↗ 实训五

【实训目的】熟练运用 Excel 软件的基本计算功能。

【实训要求】比重的计算保留百分数小数点后 2 位。

【实训资料】见表 1-4。

表 1-4 1990 年至 2008 年我国人口数及构成

年 份	总人口/万人	按城乡分			
		城 镇		乡 村	
		人口数/万人	比重（%）	人口数/万人	比重（%）
1990	114 333	30 195			
1991	115 823	31 203			
1992	117 171	32 175			
1993	118 517	33 173			
1994	119 850	34 169			
1995	121 121	35 174			
1996	122 389	37 304			
1997	123 626	39 449			
1998	124 761	41 608			
1999	125 909	43 748			
2000	126 743	45 906			
2001	127 627	48 064			
2002	128 453	50 212			
2003	129 227	52 376			
2004	129 988	54 283			
2005	130 756	56 212			
2006	131 448	57 706			
2007	132 129	59 379			
2008	132 802	60 667			

（资料来源：《2009 年中国统计年鉴》）

【实训步骤】

（1）阅读材料，快速、正确录入数据。

（2）运用 Excel 软件计算表 1-4 中空缺数据。

项目二 统计调查

为你支招

本项目是统计工作过程的第二个环节，是进行搜集反映调查单位特征的数字或文字资料，以获取丰富的感性材料工作的开始阶段。该阶段是认识事物的起点，是统计整理和统计分析的基础，属于定量认识阶段。本着重实践、学技能的要求，新增了访问调查、问卷调查的基础知识。

为了掌握重点，化解难点，建议你：①独立完成“实训题”，养成“做中学”的好习惯，这有利于你掌握本项目的学习重点，提高统计调查的动手能力；②对“填空题”、“单项选择题”、“多项选择题”和“判断题”都要在真正理解《统计基础与技能》教材的基础上，多“想一想”，提倡与同学“议一议”，交流学习心得体会，开展合作探究学习，因为本项目的难点就隐含在这些习题中。只有真正理解并做对这些题，你才能真正地学到知识，才能掌握技能。

填空题

1．普查是专门组织的____________，用以调查属于____________的总量。

2．统计调查必须要符合________和________两个基本要求。

3．重点调查是一种__________，是在调查对象中选择____________进行的调查。

4．调查对象是根据调查目的所确定的________。

5．调查单位是指调查对象中的总体单位，是调查登记的______的承担者。

6．重点单位是指在调查总体的某标志总量中占有________的少数单位，它们能够反映调查总体的________。

7．调查表一般由________、________和________组成。

8．对调查资料准确性检查的方法是________和________。

9．访问法又称采访法，是调查人员向____________________的方法。

10．问卷调查的回答方式分为____________和____________。

单项选择题（请将最佳选项代号填入括号中）

1．全面调查与非全面调查（　　）。

A．是以时间是否连续来划分的

B．是以是否调查了调查对象的全部单位来划分的

C．是以最后取得的资料是否完整来划分的

D．是以调查组织规模大小来划分的

2．填报单位是（ ）。

A．调查标志的承担者　　B．负责向上报告调查内容的单位

C．构成调查对象的每个单位　　D．就是调查单位

3．某市进行超市员工情况的普查，调查对象是（ ）。

A．所有的超市　　B．某市所有超市的全部员工

C．某个超市的全部员工　　D．全部员工

4．对2010年占某省高考录取人数比重最大的几所学校的调查，属于（ ）。

A．普查　　B．典型调查

C．非全面调查　　D．重点调查

5．对2010年某省以学校为单位高考录取比重最大的学校调查，属于（ ）。

A．重点调查　　B．典型调查

C．非全面调查　　D．无法判断

6．武汉市2009年社会商品零售总额统计年报的呈报时间为2010年1月31日，则调查时间是（ ）。

A．2010年1月1日至2010年1月31日

B．2009年12月1日至2009年12月31日

C．2009年1月1日至2009年12月31日

D．2009年1月至2010年1月

7．人口的自然变动（出生与死亡）登记，从所登记的总体范围来看，属于（ ）。

A．抽样调查　　B．典型调查

C．重点调查　　D．全面调查

8．下列各项中，适于经常性调查的有（ ）。

A．钢铁产量　　B．粮食产量

C．银行存款余额　　D．中小学校数量

9．访问法的实施步骤是（ ）。

A．访前准备、制订访谈方案、实地访问搜集书面资料

B．访前准备、设计实质性问题与功能性问题

C．面谈访问、实地搜集书面资料、掌握访谈对象的实际情况

D．制订调查方案、设计访谈方案、实地搜集访谈资料

10．问卷法要调查的问题分为（ ）两类。

A．接触性问题、行为性问题

B．实质性问题、功能性问题

C．功能性问题、过渡性问题

D．观念性问题、检验性问题

11．“请如实填写您的文化程度；”“您的文化程度是中职毕业？”（ ）。

A．前者属于实质性的事实问题，后者属于功能性的试探问题

B．前者属于功能性的事实问题，后者属于功能性的过渡问题
C．前者属于实质性的事实问题，后者属于功能性的检验问题
D．前者属于实质性的行为问题，后者属于功能性的事实问题
12．调查项目是指（　　）。
A．调查对象的质量指标　　B．调查对象的数量指标
C．调查单位的品质标志　　D．调查单位的数量标志
E．调查单位的标志名称
13．统计调查的基本任务是取得原始统计资料。原始统计资料是指（　　）。
A．统计部门掌握的统计资料
B．向调查单位搜集的尚待汇总整理的统计资料
C．对历史资料进行分析后取得的预测数据
D．统计年鉴或统计公报上发布的资料
14．统计调查有全面调查和非全面调查之分，两者划分的标志是（　　）。
A．是否进行登记、计量
B．是否按期填写调查表
C．是否制订调查方案
D．是否对所有组成总体的单位进行逐一调查
15．统计调查工作中，要向（　　）搜集统计资料。
A．统计总体　　B．调查对象
C．调查单位　　D．调查总体
16．原始资料与次级资料的根本区别是（　　）。
A．资料所属的时间先后不同　　B．是否已经汇总、整理
C．是否是别人的资料　　D．是否是自己的资料
17．问卷调查的结构是由（　　）组成的。
A．前言、调查的问题、结语　　B．调查的问题、回答的方式、结语
C．前言、主体、结语　　D．主体、调查的问题、回答的方式
18．问卷调查的特点是（　　）。
A．时效性强，调查的效率高；数据的处理分析更方便；标准化、精确度高
B．调查的效率高，标准化，数据分析方便
C．时效性强，更方便，精确度高
D．是各种访问调查法中的最佳选择
19．对调查资料的检查是以（　　）检查为主。
A．完整性　　B．及时性
C．准确性　　D．及时性、准确性
20．访问法的技巧包括（　　）。
A．接近被访者、提问的种类和方式、引导与追询、访谈结束
B．主要是“提问的种类和方式”
C．主要是如何接近被访者
D．提问的种类和方式、引导与追询、访谈结束

多项选择题（每题有两个或两个以上的答案，请将正确选项代号填入括号中）

1．下列属于功能性问题的是（　　　）。

A．你的年龄？

B．您好，见到你很高兴！

C．你看德国对阵荷兰的足球比赛了吗？

D．你喜欢看什么类型的电视节目？

E．南非世界杯很精彩，看球会影响你的学习吗？

F．我来访问，会不会打扰你之前的安排？

2．下列属于实质性问题的是（　　　）。

A．今天你去晨练了吗？

B．你是湖北人吗？

C．你看到有人“随地吐痰”有何感想？

D．南非世界杯收入的3/4要给国际足联合理吗？

E．你不抽烟，一定能节省不少钱？

F．你赞成“不求名牌只求舒服”吗？

3．武汉市2009年第一季度社会商品零售总额统计季报的呈报时间为2009年4月5日前。其调查期限和调查时间分别是（　　　）。

A．2009年1月1日至2010年1月31日

B．2009年4月1日至2009年4月5日

C．2009年1月1日至2009年3月31日

D．2009年1月至2010年3月

4．下列属于事实方面问题的有（　　　）。

A．武汉市机动车保有量83万辆

B．8月份汽车产量

C．我喜欢看女排比赛

D．统计考了85分

E．体重60公斤

F．不守秩序是不文明的

5．下列指标中属于时点指标的是（　　　）。

A．工业总产值

B．男生人数的比重

C．超市的数量

D．出生人口数

E．在校学生数

F．学龄前儿童数

6．在调查2010年某市国有工业企业年度生产经营状况的调查方案中，（　　　）。

A．调查对象是该市所有国有工业企业

B．调查单位是该市每个国有工业企业

C．调查项目包括年产值、年产量、年度总利润、上缴税金、工资总额等

D．调查时间是2010年1月1日至2010年12月31日

E．调查表是一览表

F．填报单位是该市各国有工业企业

7．下列属于行为方面问题的有（　　）。

A．参加了横渡长江

B．王维同学助人为乐行为，使我很感动

C．每年参加义务植树

D．听了刘欢的独唱音乐会，好开心啊

E．暑假去上海看世博会

F．看不懂垒球比赛

8．为同一个调查目的制订的统计调查方案与访问调查方案之间的异同是（　　）。

A．两者是完全不同相同的

B．两者调查目的相同

C．前者是调查工作的总纲领，后者是完成调查任务的具体方法或手段

D．前者的调查项目属于抽象计划，后者是把调查项目具体化为问题，属于操作计划

E．前者属于抽象计划，后者属于操作计划

F．两者是完全相同的

9．统计调查方案包括的内容有（　　）。

A．调查目的　　B．调查对象、调查单位

C．调查项目　　D．调查表

E．调查时间、调查期限　　F．调查的组织实施计划

10．调查目的包括（　　）。

A．调查要达到的结果

B．要采集那些统计资料

C．调查的时间要求

D．为了达到预期的结果、这些调查资料的作用

E．调查的内容

判断题（正确的打“√”，错误的打“×”）

1．调查单位与填报单位总是一致的。（　　）

2．调查期限是调查资料的所属时间。（　　）

3．要根据调查目的和调查对象来确定调查单位。（　　）

4．调查资料的检查主要是对资料准确性的检查。（　　）

5．统计调查的两项基本要求是调查资料的准确性和及时性。（　　）

6．统计调查搜集的资料主要是次级资料。（　　）

7．标准时点是指统一规定的调查资料所属的标准时间。（　　）

8．访问调查与问卷调查，提问问题的种类是完全相同的。（　　）

9．问卷调查按传递方式分发放问卷、访问问卷、报刊问卷和邮政问卷。（　　）

10．问卷调查的特点是标准化、数据的处理分析更方便、时效性强。（　　）

实训题

实训一

【实训目的】设计一份以“你喜欢体育活动吗？”为主题的调查方案与调查问卷，掌握调查方案和调查问卷的设计要求。

【实训资料】观察人们对待体育活动的态度与行动的实际表现。

【实训要求】

（1）调查方案包括调查目的等六项内容。

（2）调查问卷包括前言、主体的四个问题与回答。回答要综合运用封闭式与开放式等形式。

（3）请参阅教材《统计基础与技能》项目二的任务二中“调查方案实例”与任务四中的“问卷实例”。

实训二

【实训目的】掌握统计调查方案的设计。

【实训资料】小组讨论或自己独立确定感兴趣的关于某种社会现象的话题，并进行前期了解，搜集资料。

【实训要求】

（1）设计一份以你想了解的某种社会现象为主题的调查问卷。例如中等职业学校毕业生的就业情况、中等职业学校学生上网活动情况、中等职业学校学生的学习态度等。

（2）问卷包括的前言与主体。

（3）主体包括实质性问题与功能性问题与回答，回答要选用封闭式与开放式等多种形式。

项目三　数据资料的整理

为你支招

本项目是统计工作过程的第三个环节，是用科学的方法对调查资料进行的分类和综合，是从个体认识到总体认识的连接点，在整个统计工作中起着承前启后的作用。本项目的重点是数据分组和汇总的基本理论、原则及操作方法；难点是分布数列的编制及 Excel 在数据整理中的应用。

为了掌握重点，化解难点，建议你：①独立完成“实训题”，养成“做中学”的好习惯，这有利于你掌握本项目的学习重点，提高统计实践操作能力；②对“填空题”、“单项选择题”、“多项选择题”、“判断题”和“填图表题”，要多“想一想”，提倡与同学“议一议”，开展合作探究学习，因为本项目的难点就隐含在这些习题中。只有真正理解并做对这类题，你才能会化难点于无形。

填空题

1. 统计整理是统计工作的一个重要环节。它是根据统计研究的任务与要求，对________所取得的各种原始资料进行________、________、________，使之系统化、条理化，从而得到反映________特征的__________的过程。统计整理还包括__________________和为研究特定问题对____________的___________等。

2. 数据资料的筛选就是将____________总体单位记录留下来，不符合条件的总体单位记录__________，以掌握有多少__________符合条件。

3. 利用 Excel 进行筛选时，就是将符合条件的记录_______，不符合条件的记录_______。

4. 一个完整的统计数据整理工作通常包括以下内容：__________；__________；__________；__________；__________，__________。

5. 数据分组也称统计分组，就是根据统计研究的需要，按照____________把________分成__________的科学分类。

6. 数据汇总也称统计汇总，是指在__________的基础上，将各总体单位__________后计算出各组及总体的_________和____________，最终得到__________的工作过程。

7. 数据汇总按具体操作方法不同，可分为__________和___________两类。

8. 手工汇总就是不凭借计算机的人工汇总，一般有____________、____________、__________和____________。

9. 分布数列的种类是依据__________的性质不同来划分的。

10. 编制变量分布数列的一般步骤归纳起来主要有三个方面：①____________；

②____________；______________；③____________——表格法或图示法。

单项选择题（请将最佳选项代号填入括号中）

1．统计数据整理分五个步骤，其关键是（　　）。

A．设计方案　　B．资料分组
C．资料审核　　D．统计汇总

2．统计分组应遵循的原则是（　　）。

A．选定标志对总体分组
B．相同者合并，不同者分开
C．合理地选择分组标志
D．对总体单位的分与合

3．统计分组的关键问题是（　　）。

A．相同者合并，不同者分开
B．确定组数、组距
C．选择分组标志与划分各组界限
D．分清标志的性质

4．统计总体按分组标志的性质不同，可分为（　　）。

A．简单分组、复合分组
B．变量分组、品质分组
C．简单分组、组距分组
D．变量分组、复合分组

5．简单分组与复合分组的主要区别在于（　　）。

A．分组对象的复杂程度不同
B．分组组数的多少不同
C．各自采用分组标志的个数不同
D．分组的目的和方式不同

6．对统计数据的审核包括汇总前审核与汇总后审核，汇总前审核的重点是（　　）。

A．数据的完整性
B．数据的时效性
C．数据的准确性
D．数据的科学性

7．对 50 个工厂按产值分组后编制的变量分配数列中，变量值是（　　）。

A．产值　　B．工厂数
C．各组的工厂数　　D．各组的产值数

8．变量数列中各组频率的总合应（　　）。

A．小于 1　　B．等于 1
C．大于 1　　D．不等于 1

9. 设置最大组为“开口组”是（　　）。

A. 为了解决标志值恰好等于最大组的上限时，而用以弥补“上限不在内”原则的漏洞

B. 编制组距数列的需要

C. 编制组距数列的一般方法

D. 以上都对

10. “重叠组限”适用于（　　）。

A. 连续型变量的分组，不适用于离散型变量分组

B. 离散型变量分组，不适用于连续型变量分组

C. 连续型变量和离散型变量分组

D. 品质分组，不适于变量分组

11. 下面选项属于频数的是（　　）。

A. 数量标志的各组数值

B. 品质标志的各种表现

C. 分组后各组的总体单位数

D. 对总体分组的组数

12. 某市工业局对所属工厂的生产计划完成情况进行了统计分组，以下选项正确的有（　　）。

A. 80%以下
80%～90%
90%～100%

B. 80%以下
81%～90%
91%～100%
100%以上

C. 80%以下
80%～90%
90%～100%
100%以上

D. 85%以下
85%～95%
95%～105%
105%以上

13. 下列属于“越小越好”的现象是（　　）。

A. 计划完成程度、产品的产量、人口出生率

B. 天气温度、人口数量、商品销售额

C. 产品成本、废品率、商品流通费用、能耗

D. 考试不及格的人数、三好学生、交通事故

14. 组距和组数是组距数列中的一对基本要素，当变量的全距一定时，组距和组数（　　）。

A. 不相干　　B. 关系不确定

C. 有正向关系　　D. 有反向关系

15. 某村农民人均收入最高为498元，最低为300元，据此分为五个组，形成闭口式等距数列，则组距应为（　　）。

A. 30　　B. 40　　C. 50　　D. 60

16. 对各组的上限与下限进行简单平均，得到的是（　　）。

A. 组中值　　B. 组平均数　　C. 组距　　D. 组数

17．连续变量数列的最大组为开口，其邻组的组距是 40、组中值是 500，则该组的组中值是（　　）。

A．460　　B．480　　C．520　　D．540

18．某组是“500 以下”，其邻组为“500～700”，则该组的组中值是（　　）。

A．300　　B．400　　C．500　　D．600

19．在组距数列中，用组中值代表组内变量值的一般水平是因为（　　）。

A．组内各变量值是相等的

B．组中值比平均数更具代表性

C．组中值和组平均数是一致的

D．不可能得到组平均数

20．统计整理主要是对（　　）的整理。

A．历史统计资料　　B．统计分析资料

C．原始调查资料　　D．综合统计资料

多项选择题（每题有两个或两个以上的答案，请将正确选项代号填入括号中）

1．统计整理是（　　）。

A．统计调查的继续

B．统计设计的继续

C．统计调查的基础

D．统计分析的前提

E．对社会经济现象从个体量认识到总体量认识的连接点

2．统计整理的内容包括（　　）。

A．对原始资料进行审核与检查

B．对各项指标进行分组综合汇总

C．编制统计表与分析表

D．对统计资料进行系统积累

E．与上期资料进行对比，分析发展变化情况

3．选择分组标志的原则是（　　）。

A．选择能反映事物本质特征的标志

B．根据研究目的和任务选择

C．根据现象所处的历史条件与经济条件来选择

D．根据分组标志来选择

E．根据需要来选择

4．在某厂工人按日产量（件）分组的变量数列中，（　　）。

A．“日产量”是分组的数量标志

B．分组变量是连续变量

C．各组工人日产量数值是变量值或标志值

D．各组工人数是次数或频数

E．各组工人数的比重是频率

5．对原始数据运用 Excel 的函数公式汇总标志值总量，主要步骤有（　　）。

A．排序

B．确定各分组标记

C．分类汇总——标志值总量

D．显示分类汇总结果

E．以上步骤均正确

6．运用 Excel 编制单项式数列的操作步骤有（　　）。

A．输入原始数据

B．排序

C．分类汇总——计数

D．显示单项式数列

E．以上步骤均正确

7．在 Excel 中运用“FREQUENCY”频数函数可以进行以下操作（　　）。

A．编制组距数列

B．编制单项数列

C．运用数函数时，先要输入原始数据并排序

D．输入原始数据后，直接点击“插入函数”进行操作

E．输入原始数据后，先选中放置分组结果区域再点击“插入函数”进行操作

8．在“FREQUENCY”参数设置对话框中（　　）。

A．Data-array 文本框中输入待分组的原始数据区域

B．Bins-array 文本框中输入分组标志的数值

C．输入的分组标志值为略小于每组上限的数值

D．输入的数据值两端要加中括号“[ ]”

E．输入的数据值之间要用分号“;”分隔

9．在“FREQUENCY”函数对话框输入完毕后，（　　）。

A．按组合键“Enter”完成操作

B．按组合键“Shift+Ctrl”完成操作

C．按组合键“Shift+Ctrl+Enter”完成操作

D．前三项都是

E．前三项有一个正确

10．将某班学生的统计考试成绩分为 60 分以下、60～70 分、70～80 分、80～90 分、90～100 分共五个组，下列说法正确的是（　　）。

A．某学生的成绩如果是 80 分，则他应归入 70～80 这一组

B．第一组的假定下限是 50 分

C．相邻组组限是重叠的

D．第 3 组的组中值为 75

E．它属于等距分组

判断题（正确的打“√”，错误的打“×”）

1．统计整理仅指对原始资料的整理。（　）

2．数据分组是统计数据整理的关键，数据汇总是统计数据整理的中心。（　）

3．统计分组的关键是确定组距和组数。（　）

4．对于离散变量，如果变量值多，且变动范围大，可选择组距式分组；对于连续变量，则可直接选择组距分组。（　）

5．组数与组距是相互制约的，二者成反比例变化关系。（　）

6．统计分组遵循“相同者合并，不同者分开”的原则，将性质相同的单位划分在同一组内，而不同性质的划分在不同组内，组与组之间的性质是不同的。（　）

7．与组限相同的变量值应归属在哪一组，一般要遵循的原则是：无论什么情况下，都应遵循“含下限、不含上限”原则。（　）

8．编制组距式变量分布数列，质的分界线的标志值必须作为某一个组的组限，同时还要遵循“穷尽”原则和“互斥”原则。（　）

9．对连续变量确定组限时，相邻组的组限必须用同一个数值标记，叫做“同限分组”。（　）

10．在归类汇总时要遵循“不重复不遗漏”的基本原则。（　）

填图表题

1．在表 3-1 中填写统计分组的基本类型。

表 3-1　统计分组的基本类型

分组类别依据	分组标志	分组类别	特　点
按标志性质不同			组数、组限一般都非常明显
			组数、组限划分复杂
按分组标志的多少不同			分组简洁，清晰明了
			将若干标志层叠起来分组，层次多、分组细

2．在表 3-2 中填写手工汇总的四种方法。

表 3-2　手工汇总的四种方法

手工汇总	主要方法及优缺点	汇总内容
1.	划正汇总。简便易行，汇总内容受限制	
2.	抄录数值汇总。发现错误便于核对、调整，无须全部返工	
3．折叠法		
4.	只需进行一次过录，可供多次分组使用。适用于大规模调查、复杂分组资料使用。方法更简便准确，便于检查	

3．完成图 3-1 中分布数列的构成要素。

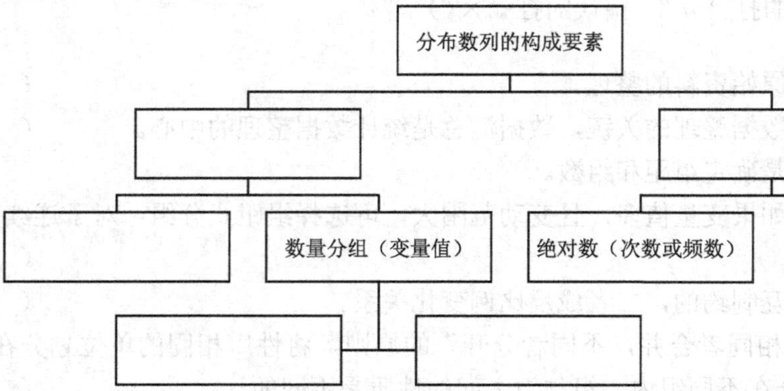

图 3-1　分布数列的构成要素图

4．完成图 3-2 中分布数列的种类。

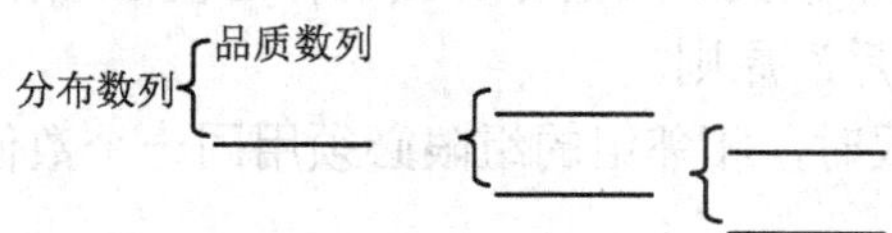

图 3-2　分布数列的构成要素图

5．在表 3-3 中填写组距数列的几个基本概念。

表 3-3　组距数列的几个基本概念

概 念 名 称	内　　容	基 本 公 式
全距		
组限		
组距		
组数		
组中值		

实训题

实训一

【实训目的】掌握手工汇总、计算机汇总的基本方法。

【实训要求】根据分组结果要求，对原始资料汇总出各组的单位数和标志总量。

【实训资料】某企业职工的工龄、奖金资料见表 3-4。

表 3-4　某企业职工的工龄、奖金资料

编　　号	工龄/年	奖金/元	编　　号	工龄/年	奖金/元
1	9	387	36	18	604
2	8	430	37	17	610
3	11	450	38	21	610
4	12	452	39	24	621
5	37	457	40	25	626
6	29	464	41	13	631
7	14	467	42	28	632
8	12	482	43	16	642
9	10	488	44	26	648
10	10	503	45	7	650
11	30	508	46	23	656
12	33	512	47	21	667
13	25	513	48	28	668
14	27	515	49	22	683
15	24	517	50	20	685
16	29	519	51	21	695
17	22	525	52	18	701
18	35	527	53	13	704
19	27	528	54	16	704
20	26	532	55	18	707
21	23	535	56	15	708
22	24	536	57	22	709
23	31	537	58	28	713
24	25	541	59	19	716
25	25	548	60	20	717
26	18	557	61	8	720
27	19	564	62	22	743
28	21	572	63	14	756
29	17	573	64	21	784
30	27	573	65	17	787
31	9	574	66	23	788
32	23	593	67	15	799
33	16	601	68	20	849
34	26	601	69	11	907
35	21	602	70	19	948

【实训步骤】

（1）手工汇总——划记法：在表 3-5 中按工龄分组，计算各组及总体单位数。

表 3-5　划正登记

按工龄分组/年	划 正 登 记	人 数 小 计
10 以下		
10～15		
15～20		
20～25		
25～30		
30 以上		
合　　计		

（2）手工汇总——过录法：在表 3-6 和表 3-7 中进行整理汇总，并计算各组及总体标志值总和。

表 3-6　过渡整理表

按工龄分组/年	人数/人		奖金额/元	
	划　记	小　计	过　录	小　计
10 以下				
10～15				
15～20				
20～25				
25～30				
30 以上				
合　计				

表 3-7　整理结果表

按工龄分组/年	人数/人	奖金额/元
10 以下		
10～15		
15～20		
20～25		
25～30		
30 以上		
合　计		

（3）计算机汇总：运用 Excel 软件计算各组及总体单位数、各组及总体标志值总和，并计算各组平均奖金，结果填入表 3-8 中（操作步骤参见《统计基础与技能》一书项目三之任务二）。

表 3-8　汇总分析结果

按工龄分组	人数/人	频率（%）	奖金额/元	平均奖金/元
10 以下				
10～15				
15～20				
20～25				
25～30				
30 以上				
合　计				

（4）观察与分析：

1）按工龄分组后，发现该企业的人数分布情况如何？

2）你能发现工龄与平均奖金之间有什么关系吗？

实训二

【实训目的】掌握频数、频率、累计频数、累计频率的基本计算以及 Excel 的操作方法。

【实训要求】根据分组资料完成以下计算：

（1）确定计算出各组组距、组中值。

（2）计算频数、频率、累计频数、累计频率。

【实训资料】某企业职工的基本工资分组结果见表 3-9。

【实训步骤】运用 Excel 计算并将计算结果填入表 3-9 和表 3-10 中。

表 3-9　某企业职工的基本工资分组结果

按月工资收入分组/元	人数/人	组　中　值	组　　距
1 000 以下	80		
1 000～1 500	150		
1 500～2 000	230		
2 000～2 500	340		
2 500～3 000	150		
3 000 以上	50		
合　　计	1 000		

表 3-10　某企业职工的基本工资统计分组结果

按月工资收入分组/元	频数/人	频率（%）	向上累计频数/人	向上累计频率（%）	向下累计频数/人	向下累计频率（%）
1 000 以下						
1 000～1 500						
1 500～2 000						
2 000～2 500						
2 500～3 000						
3 000 以上						
合计						

实训三

【实训目的】掌握单项式变量分布数列的编制方法。

【实训要求】根据资料编制变量分布数列。

【实训资料】某车间 50 位工人每日生产产品件数资料如下（单位：件）：

20	21	20	22	21	22	22	23	22	22
24	23	24	23	24	25	25	24	26	26
21	20	22	21	22	22	23	22	22	23
24	23	24	23	24	25	25	24	26	23
23	24	23	24	25	25	24	26	23	23

【实训步骤】

（1）确定分组。

1）判定变量的性质。

2）找出极大值、极小值，计算全距。

3）列出划分的各组别。

（2）汇总次数。采用手工汇总划记法或使用 Excel 软件进行汇总。

（3）使用表格法编制组距分布数列，将结果填入表 3-11 中。

表 3-11　工人日产量分组汇总表

日产量/件	人数/人

↗ 实训四

【实训目的】掌握组距式变量分布数列的编制方法。

【实训要求】根据资料编制变量分布数列。

【实训资料】某车间 40 位工人年龄资料如下（单位：岁）：

32	26	30	28	38	39	19	23
36	29	28	19	25	20	22	27
37	21	24	28	31	33	29	26
26	32	18	24	20	19	25	20
29	38	22	21	23	27	31	32

【实训步骤】

（1）确定分组。

1）判定变量的性质。

2）找出极大值、极小值，计算全距。

3）确定组数和组距。

4）确定组限，请注明是同限标记还是异限标记？是开口组还是闭口组？

5）列出划分的各组别。

（2）汇总次数。采用手工汇总划记法或使用 Excel 软件进行汇总。

（3）采用表格法编制组距分布数列，结果填入表 3-12 中。

表 3-12　工人年龄分组汇总表

年龄/岁	人数/人

实训五

【实训目的】掌握等距式变量分布数列的编制的一般方法。

【实训要求】运用 Excel 进行以下操作：

（1）编制等距式变量分布数列（组距为 100）。

（2）进行次数累计（向上累计和向下累计两种）。

【实训资料】某企业 135 名职工月奖金额资料如下（单位：元）：

788	593	468	610	564	622	573	465	642
725	680	482	648	525	666	548	425	572
725	576	621	632	498	720	650	656	528
717	485	601	598	702	610	552	709	513
424	512	491	638	467	501	387	755	578
802	475	536	685	483	562	488	457	464
668	573	695	708	468	779	503	527	667
700	419	707	532	439	704	557	554	631
546	520	499	541	907	732	519	375	710
507	430	424	799	948	849	537	849	486
521	574	602	756	771	583	512	713	517
725	515	452	787	758	517	575	683	704
807	374	387	626	784	722	506	701	450
535	486	424	716	759	472	746	604	673
500	578	492	616	699	508	430	743	601

【实训步骤】运用 Excel 软件进行数据分组与汇总，将结果填入表 3-13 中。

表 3-13　职工月奖金分组汇总表

按奖金额分组/元	人数/人	向上累计次数	向下累计次数

实训六

【实训目的】掌握等距式变量分布数列编制的一般方法。

【实训要求】运用 Excel 进行操作，将资料整理成组距为 5 的数列。

【实训资料】某大型连锁超市连续 50 天的销售额数据资料如下（单位：万元）：

30	44	42	49	26	34	42	37	41	47
42	33	36	39	44	46	46	36	40	38
40	44	37	42	37	32	36	45	25	34
48	38	45	32	43	28	45	46	29	43
43	36	37	38	30	35	37	43	35	35

【实训步骤】运用 Excel 软件进行数据分组与汇总，将结果填入表 3-14 中。

表 3-14　超市日销售额数据分组汇总表

销售额/元	天数/天

实训七

【实训目的】掌握等距式变量分布数列编制的一般方法。

【实训要求】运用 Excel 进行以下操作：

（1）根据资料分成以下几组：105 以下，105～115，115～125，125 以上。

（2）某集团对下属企业业绩规定如下：日销售收入在 125 万元以上的企业为先进企业；日销售收入在 115～125 万元之间的企业为良好企业；日销售收入在 105～115 万元之间的企业为一般企业；日销售收入在 105 万元以下的企业为落后企业。按先进企业、良好企业、一般企业、落后企业进行分组。

【实训资料】某集团下属 40 个企业 2010 年的产品销售收入数据资料如下（单位：万元）：

126	113	146	112	158	119	115	123	88	97
117	108	105	110	107	137	120	136	107	108
125	127	142	118	103	87	115	114	119	105
117	124	129	116	100	103	92	95	127	104

【实训步骤】运用 Excel 软件进行数据分类与汇总，将结果填入表 3-15 中。

表 3-15　某集团下属企业日销售收入分组与汇总表

企 业 类 型	日销售收入/万元	企业数/个

实训八

【实训目的】运用 Excel 软件对数据进行排序、筛选操作。

【实训要求】根据表 1-3 资料完成以下操作：

（1）在 Excel 工作表的 sheet1 中，将学生成绩按期末总分排序。如果总分相同，则英语成绩高分者排在前，对排序结果添加名次栏，并将前 10 名学生记录复制到 sheet2 中。

（2）在 Excel 工作表的 sheet2 中对前 10 名学生按体育成绩 80 分以上进行筛选，并将筛选结果复制到 sheet3 中。

（3）将 Excel 工作表的 sheet1、sheet2、sheet3 重新命名为“30 名学生总分排名表”、“前 10 名学生记录”和“三好学生记录”。

【实训资料】见表 1-3。

项目四　数据资料的显示

为你支招

本项目是统计工作过程中数据资料整理的后续工作流程，主要介绍数据资料的显示形式和方法。本项目重点是制作统计表和创建统计图；难点是制作规范的统计表和修饰美化统计图。

为了掌握重点，化解难点，建议你：①认真阅读教材内容，对于“填空题”、“单项选择题”、“多项选择题”和“判断题”，请对照《统计基础与技能》教材“想一想”，与同学交流“议一议”，开展自主合作探究学习；②尝试独立完成“实训题”，在实践中寻找解决问题的方法，养成“做中学”的好习惯，进一步完善统计图表，突出数据资料的表现力，不断提高实际动手能力。

填空题

1. ________与________是显示数据资料的重要工具。

2. 统计表是由纵横交叉线条所绘制的表格来表现________的一种形式。广义上的统计表包括统计________中所用的一切表格；狭义上的统计表则是指____________________所用的表格。

3. 从形式上看，统计表包括________、________、________和________四个基本部分。

4. 从内容上看，统计表格由______和______两部分组成。

5. 统计表按主词是否分组以及分组情况的不同，可分为________、________和__________三类。

6. ______是根据统计数字，用点、线、面等几何图形、事物形象和地图等绘制的各种图形。

7. 统计图一般包括________、________、________、________和________五部分组成。

8. 创建统计图的过程非常简单，只要按照“__________”的有关说明进行操作，即可完成统计图的创建。

单项选择题（请将最佳选项代号填入括号中）

1. 总标题是表的名称，用来概括统计表中的资料内容，一般写在（　　）。

A．表上端中部　　　　B．表下端中部

C．表上端　　　　D．表下端

2. 表的主词按两个或两个以上标志进行重叠分组的统计表称为（　　）。

A. 简单表　　B. 分组表
C. 复合表　　D. 统计表

3. 统计表中纵栏的“合计”一般列在（　　）。

A. 最前一行　　B. 最后一行
C. 最前一栏　　D. 最后一栏

4.（　　）具有完整的图表功能，对各种统计调查表数据进行图表处理，可以更直观地显示统计数据。

A. Excel　　B. Word
C. Access　　D. PowerPoint

5. 统计表的上下两端边线应当用（　　）绘制。

A. 粗线　　B. 细线
C. 虚线　　D. 红线

6. 创建统计图的工具是（　　）。

A. 页面设置　　B. 图表向导
C. 打印预览　　D. 绘制表格

7. 统计表的左右两端习惯上（　　）。

A. 可划线，也可不划线　　B. 不划线
C. 划线　　D. 以上都不正确

8. 统计表中不应有数据时，用（　　）表示。

A. 空格　　B. 符号“0”
C. 符号“…”　　D. 符号“—”

多项选择题（每题有两个或两个以上的答案，请将正确选项代号填入括号中）

1. 从内容上看，统计表由（　　）部分组成。

A. 主词　　B. 宾词
C. 指标　　D. 统计数据

2. 统计表按主词是否分组以及分组情况的不同，可分为（　　）。

A. 简单表　　B. 分组表
C. 复合表　　D. 调查表

3. 统计表中的横行“合计”一般列在（　　）。

A. 最后一行　　B. 最前一行
C. 最左一行　　D. 最右一行

4. 从形式上看，统计表的基本部分包括（　　）。

A. 总标题　　B. 数字资料
C. 纵栏标题　　D. 横行标题
E. 备注

5．显示数据资料的重要工具是（　　）。

A．统计公报　　B．统计年鉴

C．统计图　　D．统计表

6．统计表中的数值必须（　　）。

A．对同一种指标数值的精确度保持一致　　B．注明计算单位

C．位数对齐　　D．准确无误

7．创建统计图的基本操作过程有（　　）几个步骤。

A．图表向导　　B．图表类型

C．图表源数据　　D．图表选项

E．图表位置

8．为了图形美观，图形的长宽比例习惯上采用（　　）。

A．7:5　　B．5:7

C．3:7　　D．7:3

判断题（正确的打“√”，错误的打“×”）

1．表的主词按两个或两个以上标志进行重叠分组的统计表称为分组表。（　　）

2．统计表的设计安排应通盘考虑，内容不要过分复杂，最好一张表集中说明多个问题。（　　）

3．统计表中的数字必须准确无误，位数对齐；同一种指标数值的精确度可以不一致。（　　）

4．统计表中的横行“合计”一般列在最后一行或最前一行。（　　）

5．统计表的上下两端边线应当用粗线绘制，表中其他线条一律用细线绘制，表的左右两端习惯上均不画线。（　　）

6．统计表中的线条应尽可能少，但构成表的基本线条不能缺。（　　）

7．在工作表中的单元格周围都有灰色的细线，表格的边框线是系统预设的，直接打印出来就是表格。（　　）

8．修饰统计图的方法是要修饰什么，就去单击或双击它。（　　）

实训题

实训一

【实训目的】掌握设计和制作统计表的方法。

【实训资料】本班级学生的学号、姓名、性别、籍贯、家庭住址和电话号码等资料。

【实训要求】根据资料制作“班级学生基本情况统计表”。其中统计表为简单表，宾词

为简单设计。

实训二

【实训目的】掌握设计和制作统计表的方法。

【实训资料】学校各班级的总人数、男女生人数、住校和走读学生人数等。

【实训要求】根据资料设计并制作一份“学校学生基本情况统计表”。其中宾词为分组平行设计。

实训三

【实训目的】掌握创建统计图（饼图）的方法。

【实训资料】2009 年我国三大产业构成情况见表 4-1。

表 4-1　2009 年我国三大产业构成情况

产　业	增加值/亿元	占国内生产总值的比重（%）
第一产业	35 477	10.6
第二产业	156 958	46.8
第三产业	142 918	42.6
合　计	335 353	100

【实训要求】根据增加值占国内生产总值的比重，创建统计图（饼图）。

实训四

【实训目的】掌握创建统计图（线—柱图）的方法。

【实训资料】2005 年至 2009 年我国网民数及互联网普及率情况见表 4-2。

表 4-2　2005 年至 2009 年我国网民数及互联网普及率情况

年　份	网民数/万人	互联网普及率（%）
2005	11 100	8.5
2006	13 700	10.5
2007	21 000	16.0
2008	29 800	22.6
2009	38 400	28.9

【实训要求】根据以上资料，创建统计图（自定义类型，两轴线—柱形），并加以修饰。比一比，看谁制作的统计图更实用、更美观。

实训五

【实训目的】美化统计图，提升统计图的表现力。

【实训资料】2005 年至 2009 年年末全国电话用户数据如图 4-1 和图 4-2 所示。

图 4-1　2005 年至 2009 年年末全国电话用户数（柱形图）

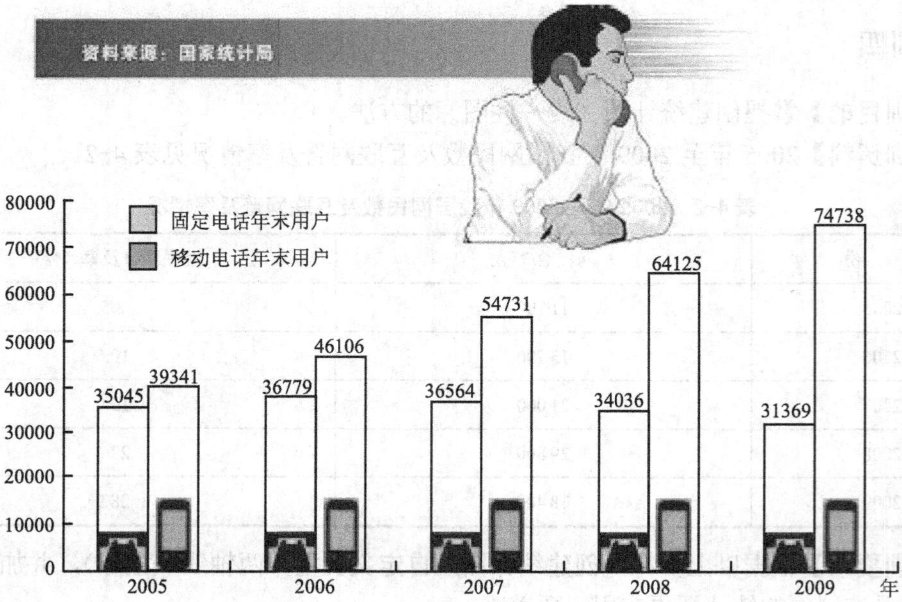

图 4-2　2005 年至 2009 年年末全国电话用户数（象形图）

【实训要求】

（1）根据图 4-1 提供的数字资料，创建“2005 年至 2009 年年末电话用户数”统计图，图样如图 4-1 所示。

（2）将图 4-1 和图 4-2 进行比较，找出它们之间的差异。请你结合统计图的主题，收集喜爱的图片，插入创建的统计图中，尝试创建出一份生动美观的象形统计图。

项目五　统计常用的指标

为你支招

本项目主要介绍统计中常用的基本指标的种类和计算方法。本项目的重点是掌握各基本指标的计算方法；难点是区别各指标的应用特点，运用各指标分析社会经济现象。统计指标法是统计分析最基本的方法。

为了掌握重点，化解难点，建议你：①认真阅读《统计基础与技能》教材内容，对于“填空题”、“单项选择题”、“多项选择题”、“判断题”和“填图表题”，请对照《统计基础与技能》教材“想一想”，与同学交流“议一议”，亲自动笔写一写，体验“学中做”的乐趣；②尝试独立完成“实训题”，自己动手算一算，在实践中探究解决问题的方法，养成“做中学”的好习惯，提高实际分析问题和解决问题的能力。

填空题

1．__________是认识社会经济现象的起点，是实行社会经济管理的依据之一，是计算__________和__________的基础。

2．按所反映的内容不同，总量指标分为______________和______________；按所反映的时间状况不同，总量指标分为__________和__________；按所采用的计量单位不同，总量指标分为__________、__________和____________。

3．总量指标的计算方法有____________和______________。

4．相对指标数值的计量单位有____________和____________两种。

5．无名数是一种抽象化的数值，常以______、______、______、______等形式表示。

6. 相对指标按用来对比的分子和分母不同，可划分为以下六种：____________、____________、____________、____________、____________、____________。

7．平均指标按计算方法不同，分为____________、____________、____________、________、________五种。

8. 平均指标用来说明标志值分布的________趋势，标志变异指标用来说明标志值分布的________趋势。

9．标志变异指标是衡量__________代表性大小的尺度，一般标志变异指标愈小，其代表性______；标志变异指标愈大，其代表性______。

10．________是测量标志变异程度最常用、最主要，也是最合理的指标。当两个总体平均数不等时，必须使用____________来说明平均数的代表性高低。

单项选择题（请将最佳选项代号填入括号中）

1．总量指标按其反映的内容不同可分为（　　）。

A．实物指标和价值指标　　B．总体单位总量和总体标志总量

C．时期指标和时点指标　　D．时间指标和时期指标

2．总体标志总量（　　）。

A．说明总体单位特征　　B．表示总体本身的规模大小

C．是指总体各单位标志值的总和　　D．是指总体单位总量

3．某地工业企业职工人数，在（　　）的目的下是总体标志总量。

A．计算该地工业企业职工平均工资

B．计算该地工业企业职工平均文化程度

C．计算该地平均每个工业企业职工人数

D．计算该地工业企业人均产值

4．直接反映总体规模大小的指标是（　　）。

A．平均指标　　B．相对指标

C．总量指标　　D．变异指标

5．总量指标是用（　　）表示的。

A．绝对数　　B．相对数

C．平均数　　D．变异指标

6．发电量用千瓦时表示，这个计量单位是（　　）。

A．双重单位　　B．复合单位

C．标准实物单位　　D．自然单位

7．某企业 2009 年职工劳动生产率是 2000 年的 1.5 倍。这里的 1.5 倍是（　　）。

A．比例相对数　　B．计划完成相对数

C．强对相对数　　D．动态相对数

8．某公司 2008 年完成产值 400 万元，2009 年计划增长 8%，实际完成 480 万元。2009 年产值超额完成计划为（　　）。

A．12%　　B．120%

C．20%　　D．11%

9．把将要对比的基数抽象为 10，所得相对数称为（　　）。

A．百分数　　B．倍数

C．系数　　D．成数

10．2010 年某汽车厂生产汽车 20 万辆，这项指标是（　　）。

A．总量指标　　B．相对指标

C．平均指标　　D．时点指标

11．计算结构相对指标时，总体全部结构相对指标之和（　　）。

A．小于 100%　　B．大于 100%

C．等于 100%　　D．小于或大于 100%

12．数列 4，9，34，12，17，5 的全距是（　　）。

A．29　　B．29.5

C．30　　D．31

13．分配数列中当标志值较小而权数较大时，计算出来的算术平均数（　　）。

A．不受影响　　B．接近于标志值大的一方

C．接近于标志值小的一方　　D．接近于大小合适的标志值

14．某班 40 名同学进行考试，6 人耗时 60 分钟，20 人耗时 75 分钟，14 人耗时 80 分钟。要计算该班学生平均耗时应采用（　　）。

A．简单算术平均数　　B．加权算术平均数

C．简单调和平均数　　D．加权调和平均数

15．在青年业余歌手卡拉 OK 比赛中，8 位评委给某选手所评分数见表 5-1。

表 5-1　某选手得分

评　委	1	2	3	4	5	6	7	8
得分/分	9.8	9.5	9.7	9.9	9.8	9.3	9.8	9.7

计分方法是去掉一个最高分，去掉一个最低分，其余分数的平均分作为该选手的最后得分，则该选手的最后得分是（　　）。

A．9.70　　B．9.71

C．9.72　　D．9.73

16．某鞋店试销一款女鞋，试销期间不同颜色女鞋的销售情况见表 5-2。

表 5-2　某店销售女鞋情况表

颜　色	黑　色	棕　色	白　色	红　色
销售量/双	70	50	15	13

鞋店老板最关心的是那一种颜色的鞋最畅销，则对鞋店经理最有意义的数据是（　　）。

A．平均数　　B．众数

C．中位数　　D．标准差

17．如果两个总体平均数不相等，比较其离差程度的指标是（　　）。

A．全距　　B．平均差

C．标准差　　D．标准差系数

18．已知一车间日平均劳动生产率为 28 件/人，标准差为 3 件；又知二车间日平均劳动生产率为 30 件/人，标准差也为 3 件，则劳动生产率水平代表性（　　）。

A．一车间大　　B．二车间大

C．两车间一样大　　D．两车间都没有代表性

多项选择题（每题有两个或两个以上的答案，请将正确选项代号填入括号中）

1．属于总量指标的是（　　）。

A．某商场月末商品库存额　　B．按人口平均钢产量
C．某职业学校学生就业率　　D．某合资企业月末在册人数

2．大多数相对数都是无名数，通常有（　　）。
A．百分数　　B．千分数
C．系数　　D．倍数
E．成数

3．下列属于强度相对指标的是（　　）。
A．工人劳动生产率　　B．铁路密度
C．人均粮食产量　　D．产值利税率
E．人口密度

4．下列相对数中属于结构相对数的有（　　）。
A．小学生入学率
B．全国总人口中少数民族人口所占比重
C．出勤率
D．出口贸易额与进口贸易额的比率
E．农轻重比例

5．相对指标的计量单位有（　　）。
A．百分数　　B．千分数
C．系数或倍数　　D．成数
E．复名数

6．下列属于时点指标的有（　　）。
A．某地区年末人口数　　B．某地区年内人口出生数
C．某地区高校在校学生数　　D．某地区固定资产投资数
E．某地区每年初拖拉机台数

7．下列统计指标属于总量指标的是（　　）。
A．工资总额　　B．商业网点密度
C．商品库存量　　D．人均国民生产总值
E．进出口总额

8．下列指标属于结构相对指标的是（　　）。
A．集体所有制企业职工总数的比重
B．某工业产品产量比上年增长的百分比
C．大学生占全部学生的比重
D．某年人均消费额

9．分子与分母可以互换的相对指标有（　　）。
A．结构相对指标　　B．比例相对指标
C．比较相对指标　　D．强度相对指标
E．计划完成程度相对指标

10．中位数是（　　）。
A．根据各标志值计算的

B．标志值按顺序排队后位于中间位置的变量值
C．最大的标志值
D．不受极端值影响
E．最小的变量值

11．由总体所有单位的标志值计算的平均数有（　　）。

A．算术平均数　　B．调和平均数
C．几何平均数　　D．中位数
E．众数

12．从指标的性质看，下面指标中属于平均指标的有（　　）。

A．人均粮食产量　　B．人均粮食消费量
C．平均每一工人生产的产量　　D．平均每一工人月收入
E．人均住房面积

13．平均数的种类有（　　）。

A．算术平均数　　B．众数
C．中位数　　D．调和平均数
E．几何平均数

14．某车间工人日产零件资料见表 5-3，则中位数和众数分别为（　　）。

表 5-3　某车间工人日产零件资料

日产量/件	22	25	26	27	29	30	合　计
人　数	5	8	10	12	3	2	40

A．26　　B．27
C．10　　D．12
E．30

15．标志变异指标可以反映（　　）。

A．平均数代表性的大小　　B．标志值集中趋势
C．生产的均衡性　　D．标志值离中趋势
E．生产的稳定性

判断题（正确的打“√”，错误的打“×”）

1．对于一个确定的总体而言，总体单位总量指标是唯一的，而总体标志总量指标则有许多。（　　）

2．一个总量指标是总体单位总量还是总体标志总量，不是固定不变的，它是随着研究目的和研究对象的不同而发生变化的。（　　）

3．相对指标都是用无名数形式表现出来的。（　　）

4．比例相对指标是同一总体不同部分数值对比，因此，可以说明总体的构成情况。（　　）

5．众数是总体中出现最多的次数。（　　）

6．标准差是表示总体各单位标志值差异程度的最常用的指标。（　　）

7．要了解某大型集贸市场中某商品的平均价格，一般只需获取该商品价格中位数。（　　）

8．调和平均数是算术平均数的变形形式。（　　）

9．某县平均每人粮食产量是平均指标。（　　）

10．我国耕地面积占全世界 7%，养活了占世界总人口 22%的人，这两个指标都是结构相对指标。（　　）

11．单位成本计划完成程度为 90%，说明单位成本计划完成情况是实际与计划比有 10%未完成。（　　）

填图表题

1．某商店三个门市部 2010 年上半年商品销售资料见表 5-4。

表 5-4　某商店三个门市部 2010 年上半年商品销售资料

门市部	第一季度实际销售额/万元	第二季度					第二季度销售额为上季的百分比（%）
		计划		实际		计划完成率（%）	
		销售额/万元	比重（%）	销售额/万元	比重（%）		
第一门市部	90	100		110.0			122
第二门市部	230	150				100	65
第三门市部				237.5		95.0	183
合　计	450		100		100		111

（1）填写表中空白格数字。

（2）指出表中的相对指标属于哪种相对指标。

2．将平均数的分类填在图 5-1 中。

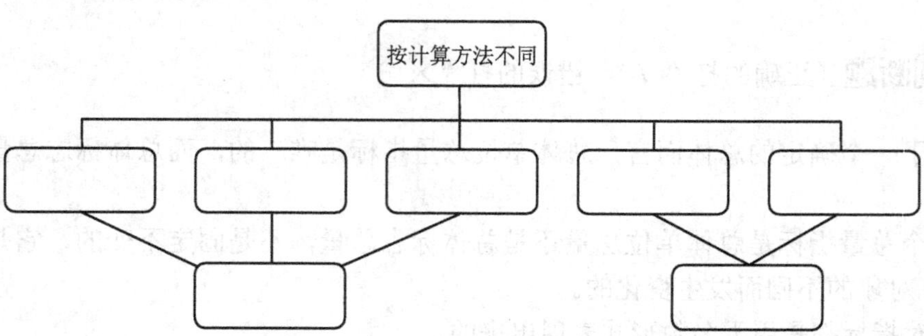

图 5-1　平均指标的种类

3．试将平均数与中位数、众数进行比较，并填写在表 5-5 中。

表 5-5 平均数与中位数、众数的比较

区 别	平 均 数	中 位 数	众 数
（1）一般水平确定方法			
（2）是否易受数据中极值数值的影响			
（3）代表值是否具有唯一性			
（4）代表值的特征			

实训题

实训一

【实训目的】 掌握计划完成情况相对指标的计算方法。

【实训资料】 某企业 2009 年甲产品的单位成本为 800 元，计划规定 2010 年成本降低 4%，实际降低 5%。

【实训要求】

根据资料计算：

（1）甲产品 2010 年单位成本的计划数与实际数。

（2）甲产品 2010 年单位成本计划完成相对数。

实训二

【实训目的】 掌握几何平均数的计算方法。

【实训资料】 某企业近几年来的经营规模不断扩大，2010 年比 2009 年增长 10%，2009 年比 2008 年增长 15%，2008 年比 2007 年增长 20%。

【实训要求】 试计算该企业近三年来总发展速度和平均每年的发展速度。

实训三

【实训目的】 掌握平均指标的计算方法。

【实训资料】 某中专学校筹备召开学生运动会，指定从一年级 10 个班中抽取 48 名女同学组成鲜花队，要求身高一致，现随机抽取10名某班女生的体检表（一个班女同学人数均超过20人），得身高如下（单位：cm）：165，162，158，157，162，162，154，160，167，155。

【实训要求】

（1）根据资料计算这10名学生的平均身高。

（2）试问这些班级能否按要求组成鲜花队，试说明理由。

实训四

【实训目的】 掌握平均数的计算方法。

【实训资料】 甲、乙两企业生产同种产品，分两批投资，其产量和单位产品钢材消耗量，见表5-6。

表5-6　甲、乙两企业产量和单位产品钢材消耗量

投料批次	甲厂				乙厂			
	产量		单耗/（千克/件）		产量		单耗/（千克/件）	
	绝对量/件	比重（%）			绝对量/件	比重（%）		
第一批	700		12		400		12.5	
第二批	300		10		600		10.5	
合　计	1 000				1 000			

【实训要求】 分别计算甲、乙两厂产量比重与平均单位产品钢材消耗量，并说明甲、乙两厂总平均单耗与各批单耗不一致的原因是什么？

实训五

【实训目的】 掌握平均数和标准差的计算方法，并应用平均数和标准差分析研究实际问题。

【实训资料】甲乙两人同时加工内径为25.40mm的一种零件，为了对两人的生产质量进行评比，从他们加工的零件中各抽出20件，量得其内径尺寸如下（单位：mm）：

甲

25.46	25.32	25.45	25.39	25.36	25.34	25.42	25.45	25.38	25.42
25.39	25.43	25.39	25.40	25.44	25.40	25.42	25.35	25.41	25.39

乙

25.40	25.43	25.44	25.48	25.47	25.48	25.49	25.36	25.34	25.49
25.33	25.43	25.32	25.47	25.43	25.32	25.31	25.48	25.32	25.32

【实训要求】从加工的零件内径的尺寸看，谁加工的质量更好些？

实训六

【实训目的】掌握平均数和标志变异指标的计算方法。

【实训资料】某百货公司6月份每天的销售额资料如下（单位：万元）：

257	276	297	252	238	310	240	236	365	278
271	297	261	281	301	274	267	280	291	258
272	284	268	303	273	263	322	249	269	295

【实训要求】

（1）计算该百货公司日销售额的均值和中位数。

（2）计算日销售额的标准差。

项目六　抽样法基础知识

➘ 为你支招

抽样法是我国现行统计方法体系中重要的调查方法之一，是市场经济条件下最常用的统计调查方法。

为了掌握重点，化解难点，建议你：①独立完成“实训题”，养成“做中学”的好习惯，这有利于你掌握本项目的学习重点，学会抽样调查指标的计算，掌握随机抽取样本单位的方法，能够进行总体参数的推断；②对“填空题”、“单项选择题”、“多项选择题”、“判断题”和“计算题”，要多“想一想”，在理解基本知识的基础上独立完成各项作业，提倡与同学“议一议”，交流心得体会，开展合作探究学习，因为本项目的难点就隐含在这些习题中。只有真正理解并做对这类题，你才能突破难点，掌握重点。

填空题

1．抽样调查是一种________全面调查。它是根据________原则，对从所研究的总体中抽取的部分单位进行的调查。

2．抽样估计是在________的基础上，根据样本资料整理出的数据，依据概率论中大数法则为指导来________总体相应数据的一种统计方法。

3．抽样调查适用于________或________全面调查的总体的数量特征。

4．总体指标又称________；样本指标又称__________。

5．抽样平均误差简称____________；抽样极限误差也称____________。

6．__________是扩大或缩小抽样误差的倍数。

7．平均数的区间估计公式________________________。

8．成数区间估计公式________________________。

9．重复抽样条件下的必要样本数目计算公式是____________。

10．$\Delta_x = t\mu$ 是____________公式。

单项选择题（请将最佳选项代号填入括号中）

1．适合对全面调查资料进行补充与核对的非全面调查方式有（　　）。

A．重点调查　　B．抽样调查

C．典型调查　　D．统计报表制度

2．拟对武汉市 2009 年以户为单位的居民年收入进行调查，采用（　　）方式进行调查为妥。

A．全面调查　　B．非全面调查

C．重点调查　　D．抽样调查

3．用不重复抽样方法计算的样本指标值都小于重复抽样指标值的原因是（　　）。

A．它在重复抽样误差公式上乘了一个系数

B．它在重复抽样误差公式上乘了一个小于 1 的系数

C．它在重复抽样误差公式上乘了一个大于 1 的系数

D．它在重复抽样误差公式上多了一个小于 1 的系数

4．极限误差与抽样平均误差之间的关系是（　　）。

A．前者一定大于后者

B．前者一定小于后者

C．前者一定等于后者

D．前者可能大于、小于或等于后者

5．抽样调查中的抽样误差是指（　　）产生的误差。

A．调查登记工作失职

B．调查资料的整理中

C．抽取样本时破坏随机原则

D．抽取样本的随机性而必然

6．反映抽样指标与全及指标之间误差可能范围的指标是（　　）。

A．概率度　　B．抽样平均误差

C．抽样极限误差　　D．抽样实际误差

7．随机抽取 400 名大学生进行调查，其中获奖学金学生比重为 10%、概率为 99.73%，则获奖学金比率的极限误差是（　　）。

A．4%　　B．4.5%

C．0.09%　　D．0.9%

8．重复抽样的成数抽样误差计算公式为（　　）。

A．$\mu_p=\sqrt{\dfrac{p(1-p)}{n}\left(1-\dfrac{n}{N}\right)}$

B．$\mu_p=\sqrt{\dfrac{p(1-p)}{n}}$

C．$\mu_p=\sqrt{\dfrac{\sigma^2}{n}}$

D．$\mu_p=\sqrt{\dfrac{\sigma^2}{n}\left(1-\dfrac{n}{N}\right)}$

9．在重复的简单随机抽样中，当概率保证程度从 68.27%提高到 95.45%，其他条件不变时，必要样本容量将会（　　）。

A．增加一倍　　B．增加两倍

C．增加三倍　　D．减少一半

10．抽样调查必须遵循的基本原则是（　　）。

A．随机性原则　　B．可比性原则

C．准确性原则　　D．及时性原则

11．抽样成数 P 值越接近 1，其抽样平均误差越（　　）。

A．小　　B．大

C．接近 0.5　　D．接近 1

12．在（　　），计算不重复抽样的抽样平误差可以采用重复抽样误差公式。

A．总体单位数很多时

B．样本单位数很少时

C．样本容量对总体单位数的比重很小时

D．样本容量对总体单位数的比重很大时

13．在其他条件不变的情况下，提高估计的概率保证程度，其估计的精确程度（　　）。

A．随之扩大　　B．随之缩小

C．保持不变　　D．无法确定

14．在抽样调查中无法消除的误差是（　　）。

A．登记性误差　　B．系统性误差

C．抽样误差　　D．极限误差

15．在某项统计中，搜集的历史成数资料有 90%、85%、65%。那么，在统计分析时应选用（　　）。

A．90%　　B．65%

C．85%　　D．$\dfrac{90\%+85\%+65\%}{3}$

16．对某市居民生活状况进行了一次抽样调查，据样本资料显示，每名居民平均日收入 76 元，抽样平均误差 3 元，推断该市居民实际日生活费用在 70～82 元之间，这一推断的可靠程度为（　　）。

A．68.27%　　B．95%

C．95.45%　　D．99.73%

17．在 10 000 只日光灯管中，随机抽取 100 只进行质量检验，其中有 3 只不合格，则样本成数的重复抽样平均误差为（　　）。

A．$\mu_p=\sqrt{\dfrac{0.03\times0.97}{100}}$

B．$\mu_p=\sqrt{\dfrac{0.03\times0.97}{100}\left(1-\dfrac{100}{10\,000}\right)}$

C．$\mu_p=\sqrt{\dfrac{3\times97}{100}}$

D．$\mu_p=\sqrt{\dfrac{3\times97}{100}\left(1-\dfrac{100}{10\,000}\right)}$

18．某地有 2 万亩稻田，根据上年资料得知，其平均亩产的标准差为 50 千克，若以 0.954 5 的概率保证，拟允许误差不超过 10 千克，应抽取多少亩地作为样本（　　）。

A．250　　B．100

C．500　　D．1 000

19．根据抽样资料，一年级优等生比重为 10%，二年级优等生比重为 20%，在人数相等时，优等生比重的抽样误差（　　）。

A．一年级大　　B．二年级大

C．相同　　D．无法判断

20．以下说法正确的有（　　）。

A．在其他条件不变的情况下，必要样本数目与概率度成正比对应

B．允许误差越大，样本容量越大

C．必要样本数目 $n=\frac{t^2\mu^2}{\Delta_x^2}$

D．可能样本数目=必要样本单位数目

21．某地拟调查估计夏粮产量情况。根据去年的资料可知：小麦亩产量的标准差为 25 千克，拟允许误差不超过 5 千克，在概率 95.45%保证下需要抽取（　　）亩地做样本。

A．125　　B．250

C．500　　D．100

22．由过去资料得知，职业学校学生统计知识考试及格率为 80%。为估计现在学生的考试成绩，规定抽样极限误差不超过 5%，并在 95.45%的概率保证下，试计算应抽取（　　）名学生进行调查。

A．100　　B．256

C．64　　D．640

23．下列不正确的说法有（　　）。

A．对同一总体计算的抽样平均数和抽样成数两种必要样本数目结果不同时，应选用数值大的为必要样本数目

B．必要样本数目要在制订调查方案时确定

C．必要样本数目是随机数字，不是唯一确定的

D．在同一总体中，用重复或不重复抽样的两种必要样本数目公式计算的结果是相同的

多项选择题（每题有两个或两个以上的答案，请将正确选项代号填入括号中）

1．抽取样本的方法，分为（　　）。

A．重复抽样　　B．机械抽样

C．不重复抽样　　D．整群抽样

2．点估计不用考虑（　　）。

A．样本指标　　B．可靠程度

C．抽样误差　　D．总体单位数

3．影响必要样本数目多少的因素有（　）。

A．允许误差　　B．概率度

C．抽样调查的组织方式　　D．抽样方法

E．总体单位的标志变异程度

4．抽样技术是一种（　　）。

A．搜集统计资料的方法

B．对现象总体进行科学的估计和推断的方法

C．随机性的非全面调查方法

D．全面、准确的调查方法

E．抽选少数典型单位所进行的科学调查的方法

5．“在200个总体单位中，随机抽取50个单位。”下列说法正确的是（　　）。

A．样本个数是50个　　B．样本容量50个

C．一个样本有50个单位　　D．是一个小样本

E．是一个大样本　　F．可能样本数为50个

6．对2 500亩小麦产量进行抽样调查，得到平均亩产为250千克，抽样平均误差为5千克，把握程度为95.45%，则（　　）。

A．小麦亩产可能范围为240～260千克

B．小麦亩产可能范围为245～255千克

C．小麦总产量可能范围为60万～65万千克

D．小麦总产量可能范围为61.25万～63.75万千克

7．对总体平均数进行区间估计时，必须掌握的基本数据是（　　）。

A．总体平均数的点估计值　　B．样本平均数的抽样平均误差

C．概率度　　D．样本成数

E．成数的允许误差

8．在抽样调查中（　　）。

A．全及总体是唯一确定的

B．全及总体指标是唯一确定的

C．样本指标是随机变量

D．抽样误差是可以事先计算和控制的

E．样本成数是随机变量

F．全及总体成数不是唯一确定的

9．下列选项中适用抽样法对其进行调查的社会经济现象有（　　）。

A．城市居民生活费用支出情况

B．具有破坏性与消耗性的产品质量检验

C．食品的质量鉴定

D．对全面调查资料的评价和修正

E．连续生产的产品性能检测

F．新产品效能的检查

10. 提高抽样推断可靠程度的途径有（　　）。

A. 增大概率度　　B. 缩小概率度

C. 增加样本容量　　D. 降低精确度

E. 扩大估计值的误差范围

判断题（正确的打“√”，错误的打“×”）

1. 抽样误差是由于破坏了随机原则而产生的。（　　）
2. 抽样误差越大，样本的代表性越大。（　　）
3. 点估计是用样本指标直接代表总体指标。（　　）
4. 抽样平均误差总是小于抽样极限误差。（　　）
5. 抽样误差与样本容量的大小成正比。（　　）
6. 必要样本数目与可能样本数是相同的。（　　）
7. 概率保证程度（可靠性）越高，估计的精确度越低（　　）
8. 抽样指标是随机变量。（　　）
9. 允许误差可能等于、小于或大于抽样平均误差。（　　）
10. 抽样估计的方法有点估计和区间估计。（　　）

计算题

1. 某学校用重复抽样方法抽取 100 名学生进行体检，测得其平均体重为 50 千克，标准差为 5 千克，要求在概率 99.73%的保证下，试推断全体学生的平均体重的范围。

2. 对仓库库存某物资的安全性进行检查，随机抽取 40 件，测得其中有 8 件已经变质，要求在概率 86.64%的条件下，估计该物质总体已经变质的比重范围。

3．填写表 6-1 中的抽样误差和允许误差。

表 6-1　抽样误差与允许误差的计算

分　组	抽 样 数 目	抽样平均数	标志变动系数（%）	$F(t)=0.9545$	
				抽样误差	允许误差
甲	400	3	20		
乙	900	2	30		
丙	1 600	4	50		

4．设年末某储蓄所按储蓄存款账户号的大小为序，抽取了 484 户的资料见表 6-2。

表 6-2　储户存款资料

存款余额/万元	储户数/户
1 以下	58
1～3	150
3～5	200
5～8	62
8 以上	14

试以 95.45%的概率，估计以下指标的范围：

1）该储蓄所存款户平均每户的存款余额。

2）该储蓄所存款余额在 3 万元以上的户数占全体存款户数的比重。

5．某工厂有职工 1 500 人，用简单随机方法抽取 50 人做样本，调查工资水平，见表 6-3。

1）计算样本平均数和抽样平均误差。

2）以 99.73%的可靠性估计该厂职工的月平均工资和工资总额。

表 6-3　某工厂 50 名职工工资资料

月工资水平/元	1 200	1 300	1 400	1 500	1 600	1 800	2 000	2 600
工人数/人	4	6	9	10	8	6	4	3

实训题

实训一

【实训目的】运用 Excel 抽样功能计算、估计全及总体平均数、成数的区间范围。

【实训资料】某班级 50 名学生期末统计考试成绩如下：

98	56	85	42	16	78	53	90	10	67
65	86	75	46	37	88	66	76	61	60
70	83	24	99	100	53	78	76	100	75
68	61	79	70	73	84	59	63	69	57
83	66	99	29	30	88	46	87	89	69

【实训要求】

（1）试根据该资料，随机抽取 20 名学生的成绩组成样本，在概率 68.73%保证下，推断全班学生的平均分数与及格率的可能范围。

（2）作业步骤：

1）数据录入。

2）通过抽样功能，抽取出 20 个分数组成样本。

3）选定 20 个样本数据，再通过统计描述功能得出所需要的样本指标。

4）依据求得的指标，做出两项区间估计。

实训二

【实训目的】练习运用两种方法随机抽取样本单位。

【实训资料】自己设计一个总体单位数为 30 人的月零花钱资料。

【实训要求】

（1）分别用随机数字表与 Excel 功能随机抽取两个样本容量为 10 人的资料。

（2）零花钱随机数字表的设计不要姓名，只要金额，比如 100 元、235 元等。由你自主设定金额，但要接近实际。

（3）利用随机数字表抽样时，要给资料编号：01～30，N=30，n=10；按序号抽取 10 个号码，得到样本单位。答案要说明抽样起始与终止的列号、行号与被抽中的号码及其对应的零花钱金额。

（4）用 Excel 抽样时，不需要对 30 个资料编号。直接从 A1 单元格至 A30 单元格依次录入，再抽取样本。抽样结果获得 10 个零花钱的金额。

（5）在 Excel 工作表中，依据以上抽取的两个样本资料，分别计算样本平均数、标准差、抽样误差、当 t=2 时的允许误差、必要样本数目（重复抽样）。

实训三

【实训目的】 依据原始资料进行统计描述。

【实训资料】 对一批规定净重为 500 克的袋装食品进行质量检验，随机抽取 40 袋，获取了实际净重值如下：

509	505	503	498	506	508	500	508	506	507
502	501	507	504	509	499	501	506	500	502
503	500	505	502	501	500	502	501	495	500
503	502	501	505	500	495	501	503	502	500

【实训要求】 以 95.45%的概率估计该批食品平均重量的置信区间。要求利用 Excel 工作表描述统计功能进行操作。

项目七　动态分析与指数分析

为你支招

动态分析与指数分析是统计分析的重要方法，通过对时间数列和统计指数的分析，掌握各类指标的计算方法和具体应用，有助于把握现象发展变化的过程和规律性，为决策提供依据。

为了掌握重点，化解难点，建议你：①独立完成“实训题”，在“做中学”，尤其要注意审意和正确使用公式；②“填空题”、“单项选择题”、“多项选择题”、“判断题”和“填图表题”旨在训练对概念的理解，要多“想一想”，提倡与同学“议一议”，开展合作探究学习。

填空题

1．时间数列的构成要素有______________和________。

2．绝对数时间数列是指将一系列________按时间先后顺序排列而成的数列，反映的是现象在一段时间内____________，又称为______时间数列，是时间数列中的_____数列。

3．发展水平是时间数列中的____________，又称_____，可以表现为______，也可以表现为______和______。

4．时期数列计算序时平均数采用____________，即以____________除以_____。

5．连续时点数列计算序时平均数采用________，以____________为权数。

6．逐期增长量和累积增长量的关系表现为：____________和____________。

7．平均增长量是时间数列________的序时平均数，用以说明某现象________。

8．发展速度是指____________对比所得的反映____________的相对数。

9．从狭义上讲，指数是指反映________的复杂社会经济现象在_____上综合变动情况的相对数。

10．平均数指数法是编制_____的另一种方法，即以______为基础，通过_______计算总指数的方法，计算公式可通过对______________得到。

单项选择题（请将最佳选项代号填入括号中）

1．时间数列中，可以相加的指标数值有（　　）。

A．相对数时间数列　　B．时期数列
C．时点数列　　D．平均数时间数列

2．下列数列中属于时间数列的是（　　）。
A．学生按学习成绩分组形成的数列
B．工业企业按地区分组形成的数列
C．职工按工资水平高低排列形成的数列
D．出口额按时间先后顺序排列形成的数列

3．把各个时期的人均收入按时间先后顺序排列起来，这样形成的数列为（　　）。
A．时期数列　　B．时点数列
C．相对数数列　　D．绝对数数列

4．“首末折半法”适用于（　　）计算序时平均数。
A．时期数列
B．间隔相等的间断时点数列
C．间隔不相等的时点数列计算序时平均数
D．由两个时期数列构成的相对数时间数列

5．一段时间内累积增长量与增长速度存在的关系是（　　）。
A．累积增长量=定基增长速度×前一期水平
B．累积增长量=定基增长速度×最初水平
C．累积增长量=环比增长速度×前一期水平
D．累积增长量=环比增长速度×最初水平

6．平均增长速度是（　　）。
A．环比增长速度的算术平均数　　B．总增长速度的算术平均数
C．平均发展速度减去百分之百　　D．发展速度减去百分之百

7．以 1980 年为基期，2003 年为报告期，计算某现象的平均发展速度应开（　　）。
A．23 次方　　B．22 次方
C．21 次方　　D．20 次方

8．已知某数据的环比增长速度为 15%、10%、5%、8%，则其定基增长速度为（　　）。
A．5%×10%×5%×8%　　B．（15%×10%×5%×8%）−100%
C．115%×110%×105%×108%−100%　　D．115%×110%×105%×108%

9．定基发展速度等于相应的各环比发展速度（　　）。
A．之和　　B．之差　　C．之积　　D．之商

10．已知某企业 1 月、2 月、3 月、4 月的平均职工人数分别为 190 人、195 人、193 人和 201 人，则该企业一季度的平均职工人数的计算方法为（　　）。

A．$\dfrac{(190+195+193+201)}{4}$　　B．$\dfrac{(190+195+193)}{3}$

C．$\dfrac{(190/2)+195+193+(201/2)}{4-1}$　　D．$\dfrac{(190/2)+195+193+(201/2)}{4}$

11．广义上的指数是指反映（　　）。
A．价格变动的相对数　　B．物量变动的相对数

C．动态的各种相对数　　D．总体数量变动的相对数

12．根据指数化指标的性质不同，指数可分为（　　）。

A．综合指数和平均数指数　　B．动态指数和静态指数

C．数量指标指数和质量指标指数　　D．平均数指数和平均指标指数

13．某产品价格，报告期为每台 1 200 元，基期为每台 1 000 元，则该产品的价格报告期为基期的 120%，这个指数是（　　）。

A．总指数　　B．数量指标指数

C．个体指数　　D．质量指标指数

14．编制总指数的两种形式是（　　）。

A．数量指标指数和质量指标指数　　B．综合指数和平均数指数

C．算术平均数指数和调和平均数指数　　D．定基指数和环比指数

15．编制价格指数，同度量因素一般为（　　）。

A．基期价格　　B．报告期价格　　C．基期产量　　D．报告期产量

16．在销售量综合指数 $\frac{\sum p_0q_1}{\sum p_0q_0}$ 中，$\sum p_0q_1-\sum p_0q_0$ 表示（　　）。

A．商品价格变动引起销售额变动的绝对额

B．价格不变的情况下，销售量变动引起销售额变动的绝对额

C．价格不变的情况下，销售量变动的绝对额

D．销售量和价格变动引起销售额变动的绝对额

17．平均数指数是计算总指数的另一形式，计算的基础是（　　）。

A．数量指标指数　　B．质量指标指数

C．综合指数　　D．个体指数

18．在掌握基期商品销售额和几种商品的个体价格指数资料的条件下，要确定产品物量的总变动宜采用（　　）。

A．综合指数　　B．加权算术平均数

C．平均指标指数　　D．加权调和平均数

19．利用指数体系进行因素分析的结果可以表示为（　　）。

A．相对数　　B．绝对数

C．平均数　　D．相对数和绝对数

20．某厂生产费用今年比去年增长了 50%，产量增长了 25%，则单位成本增长了（　　）。

A．25%　　B．2%　　C．75%　　D．20%

多项选择题（每题有两个或两个以上的答案，请将正确选项代号填入括号中）

1．以下社会经济现象属于时期数列的有（　　）。

A．某学校在“十二五”期间规划毕业生人数

B．某厂历年年末职工人数

C．某商场历年利税额

D．某专业户历年年末生猪存栏头数

2．时点数列的特点有（　　）。

A．数列中各项指标数值相加之和有意义

B．数列中各项指标数值相加之和没有意义

C．数列中每项指标数值的大小与其计算时间的长短存在着直接关系

D．数列中每项指标数值的大小与其计算时间间隔的长短不存在直接关系

E．数列中每项指标数值是间断登记取得的

3．序时平均数与算术平均数是主要区别是（　　）。

A．算术平均数是进行静态平均，而序时平均数是进行动态平均

B．算术平均数所平均的是总体各单位的标志值，序时平均数所平均的是时间数列的各个指标值

C．算术平均数是根据变量数列计算的，而序时平均数是根据时间数列计算的

D．算术平均数是根据时间数列计算的，而序时平均数是根据变量数列计算的

4．时间数列的水平指标有（　　）。

A．发展水平　　B．平均发展水平

C．增长量　　D．平均增长量

E．发展速度　　F．平均发展速度

5．计算平均发展速度可采用的公式有（　　）。

A．$\bar{x}=\sqrt[n]{\dfrac{a_n}{a_0}}$　　B．$\bar{x}=\sqrt[n]{\Pi x}$

C．$\bar{x}=\dfrac{\sum x}{n}$　　D．$\bar{x}=\sqrt[n]{R}$

E．$\bar{x}=\dfrac{x_1\cdot x_2\cdots x_n}{n}$

6．某厂几种产品的第四季度单位成本比第三季度平均降低 2%，这个指数是（　　）。

A．总指数　　B．个体指数

C．环比指数　　D．定基指标

E．质量指标指数　　F．数量指标指数

7．下列指数中属于数量指标指数的有（　　）。

A．产品产量指数　　B．价格指数

C．工人人数指数　　D．销售量指数

E．产品成本指数

8．编制综合指数的一般原则是（　　）。

A．数量指标指数以基期数量指标为同度量因素

B．数量指标指数以基期质量指标指数为同度量因素

C．数量指标指数以报告期数量指标为同度量因素

D．质量指标指数以报告期数量指标为同度量因素

E．质量指标指数以基期质量指标为同度量因素

9．关于平均数指数，下列说法正确的有（　　　）。

A．它是对个体指数进行加权平均求得的

B．有加权算术平均数指数与加权调和平均数指数之分

C．加权算术平均数指数的权数是 p_0q_0，加权调和平均数指数的权数是 p_1q_1

D．调和平均数指数的权数是 p_0q_0，加权算术平均数指数的权数是 p_1q_1

10．指数体系分析的特点在于（　　　）。

A．总变动指数等于各个因素指数的乘积

B．总变动指数等于各个因素指数之比

C．总变动差额等于各个因素变动影响额的代数和

D．各因素指数仅指数量指标

判断题（正确的打“√”，错误的打“×”）

1．用各年人口出生率编制的时间数列是平均数时间数列。（　　）

2．发展水平就是动态数列中的每一项具体指标数值，表现为绝对数。（　　）

3．将 1990 年至 1995 年年末国有企业固定资产净值按时间先后顺序排列而成的动态数列称为时点数列。（　　）

4．发展水平增长时，增长量指标为正值；发展水平下降时，增长量指标为负值。（　　）

5．平均增长量等于累积增减量除以序列水平项数。（　　）

6．某单位产值逐期增长量每年相等，那么其各年环比增长速度是年年下降的。（　　）

7．某单位销售额的环比发展速度每年相等，则其各年逐期增长量是年年增加的。（　　）

8．发展速度与增长速度的计算结果，既可能为正值，又可能为负值。（　　）

9．定基发展速度等于相应各个环比发展速度的连乘积，所以定基增长速度也等于相应各个环比增长速度的连乘积。（　　）

10．平均增长速度不是根据各个增长速度直接来求得的，而是根据平均发展速度计算的。（　　）

11．编制总指数的方法有数量指标指数、质量指标指数。（　　）

12．数量指标作为同度量因素，时期一般固定在基期。（　　）

13．某商店甲、乙、丙三种商品的销售量指数分别为 106%、94%、112%，这三种商品的总销售量指数是 $104\%\left(\frac{106\%+94\%+112\%}{3}\right)$。（　　）

14．广义的指数就是指各种相对数。（　　）

15．价格指数=商品销售额指数×商品销售量指数。（　　）

填图表题

1．在图 7-1 中填写时间数列的种类。

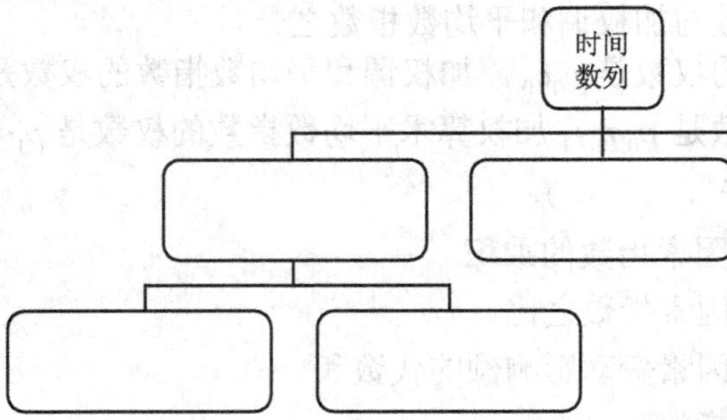

图 7-1　时间数列的种类

2．在表 7-1 中填写时期数列和时点数列的区别。

表 7-1　时期数列和时点数列的区别

总量指标时间数列	指 标 意 义	指 标 性 质	指标所属时间	指标的特点	指标的取得方式
时期数列					
时点数列					

3．在图 7-2 中填写总量指标时间数列序时平均数的计算公式。

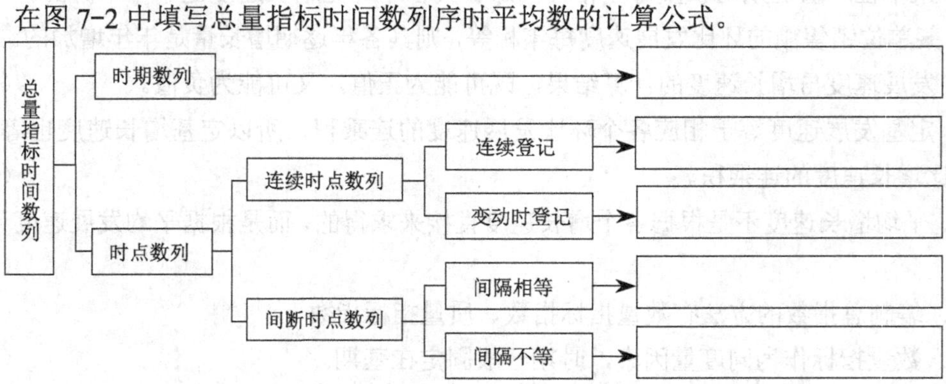

图 7-2　总量指标时间数列序时平均数的计算公式

4．在表 7-2 中填写总指数的计算公式。

表 7-2　总指数的计算公式

	数量指标指数	质量指标指数
综合指数法		
平均数指数法		

实训题

实训一

【实训目的】掌握时期数列序时平均数的计算。
【实训资料】我国 2001 年至 2008 年人口自然增长情况见表 7-3。
【实训要求】根据资料选择正确的公式，计算平均每年增长的人口数。

表 7-3 我国 2001 年至 2008 年人口自然增长情况表

年份	2001	2002	2003	2004	2005	2006	2007	2008
比上年增加的人口数/万人	—	826	774	761	768	692	681	673

实训二

【实训目的】掌握时点数列序时平均数的计算。
【实训资料】某企业 2009 年下半年工人数资料见表 7-4。
【实训要求】根据资料选择正确的公式，计算下半年平均工人数。

表 7-4 某企业 2009 年下半年工人数资料

日期	7月1日	8月1日	11月1日	12月31日
工人数/人	1 210	1 240	1 300	1 270

实训三

【实训目的】掌握相对数时间数列序时平均数的计算。
【实训资料】某企业 2010 年第一季度各月产量计划完成资料，见表 7-5。

【实训要求】根据资料选择正确的公式，计算第一季度平均月计划完成程度。

表 7-5　某企业 2010 年第一季度各月产量计划完成资料

月　　份	1	2	3
实际产量/件	5 600	6 980	9 040
计划完成程度（%）	100	95	102

实训四

【实训目的】掌握平均数时间数列序时平均数的计算。
【实训资料】某企业 2009 年 4 月至 7 月工业增加值及人数资料见表 7-6。
【实训要求】根据资料选择正确的公式，计算 4 月至 7 月平均月劳动生产率。

表 7-6　某企业 2009 年 4 月至 7 月工业增加值及人数资料

月　　份	4	5	6	7
工业增加值/万元	710	730	760	840
月初职工人数/人	800	810	815	830

实训五

【实训目的】掌握时间数列水平指标和速度指标的计算。
【实训要求】根据资料进行计算相关指标。
【实训资料】某企业 2003 年至 2008 年工业增加值见表 7-7。

表 7-7 某企业 2003 年至 2008 年工业增加值计算表

年 份		2003	2004	2005	2006	2007	2008
工业增加值 / 亿元		343.3	447.0	519.7	548.7	703.7	783.9
增长量 / 亿元	逐期						
	累积						
环比发展速度（%）							
环比增长速度（%）							
1%的绝对增长额 / 亿元							
平均发展速度							
平均增长速度							

实训六

【实训目的】掌握个体指数及综合法数量指标总指数的计算。

【实训资料】某企业生产的三种不同使用价值的产品的单价和生产量资料见表 7-8。

【实训要求】根据资料，运用 Excel 工作表计算以下内容:

（1）个体产量指数。

（2）综合法产量指数。

（3）由于三种产品产量变动，而使总产值增加或减少额。

表 7-8 某企业生产的三种不同使用价值的产品的单价和生产量资料

产 品 名 称	计 量 单 位	产 量		单价/元	
		2008 年	2009 年	2008 年	2009 年
甲	台	800	900	5	4
乙	架	1 000	1 200	4	3
丙	吨	1 200	1 400	3	2
合计					

实训七

【实训目的】掌握综合法质量指标总指数的计算。

【实训资料】某市四种主要副食品调整价格前后的资料见表 7-9。

【实训要求】根据资料，运用 Excel 工作表计算以下内容：

（1）四种商品物价总指数。

（2）由于全部商品价格变动使该市居民增加支出的金额。

表 7-9　某市四种主要副食品调整价格前后的资料表

	调　整　前		调　整　后	
	零售价/（元/千克）	销售量/万担	零售价/（元/千克）	销售量/万担
甲	0.06	5.00	0.07	5.20
乙	0.88	4.46	1.18	5.52
丙	1.70	1.20	1.13	1.15
丁	0.35	1.15	0.42	1.30

实训八

【实训目的】掌握平均法数量指标总指数的计算。

【实训资料】某企业三种主要产品的总产值及产量变动资料见表 7-10。

【实训要求】编制产品产量总指数。

表 7-10　某企业三种主要产品的总产值及产量变动资料

产 品 名 称	工业总产值/万元		个体产量指数（%）
	基期	报告期	
甲	1 800	2 000	110
乙	1 500	1 800	105
丙	800	1 000	100

实训九

【实训目的】掌握平均法质量指标总指数的计算。

【实训资料】某商店三种商品的销售额和价格变动资料见表 7-11。

【实训要求】计算三种商品销售价格总指数，并分析由于价格的变动对销售额的影响。

表 7-11　某商店三种商品的销售额和价格变动资料

商品名称	销售额/万元		2005 年比 2004 年价格降低百分比（%）
	2004 年	2005 年	
肥皂	80	117	10
棉布	20	38	5
衬衫	150	187	15

实训十

【实训目的】掌握因素分析的方法。

【实训资料】某企业三种商品的出口价及出口量资料见表 7-12。

【实训要求】运用指数体系从相对数和绝对数两方面分析出口价格和出口量的变动对出口额的影响。

表 7-12　某企业三种商品的出口价及出口量资料

产品名称	计量单位	出口量		出口价格/元	
		2007 年	2008 年	2007 年	2008 年
甲	吨	80	82	100	150
乙	件	800	1 000	80	140
丙	套	60	65	120	120

项目八 统计分析基础知识

为你支招

统计分析是统计工作最重要的阶段，是获取成果的阶段。本项目的重点是掌握基本统计分析分法的应用；难点是学会撰写简单的书面统计分析报告。为了掌握重点，化解难点，建议你：①独立完成“填空题”、“单项选择题”、“多项选择题”、“判断题”和“填图表题”，养成“做中学”的好习惯，这有利于你掌握本项目的基本知识，提高统计分析能力；②对“实训题”，要多“想一想”，提倡与同学“议一议”，开展合作探究学习。因为本项目的难点就隐含在这些习题中，只要能够动手做对这类题，你就会化难点于无形。

填空题

1．在统计分析的三个特点中，准确的_______是统计分析的基础，________是保障统计分析质量的前提，________是保证统计分析价值的重要条件。

2．常用的统计分析方法有________________、抽样推断法、________________、_______________、相关分析法、模型分析法和______________________。

3．统计分析的最后环节是撰写__________________。

4．一般来说，统计分析报告主要由__________________、__________、________和________四部分构成。

5．统计分析报告正文结构的形式主要有____________、____________和____________。

6．写一篇统计分析报告，语言要力求做到________、________、通俗、________。

7．____________________是统计分析报告写作的一个重要原则。

8．______________________是统计分析报告写作区别于其他文体的最典型的特点。

9．相关分析法是在________分析的基础上，根据历史资料计算______________，进行________分析。

单项选择题（请将最佳选项代号填入括号中）

1．（　　）是对研究过程进行表述的文章，是统计分析结果的最终形式。

A．统计数据分析　　B．统计分析报告

C．动态分析方法　　D．定性分析方法

2．（　　）是对文章基本思想的浓缩，在文章中占有重要的地位。

A．标题　　B．导语

C．结束语　　　　D．论点

3. 按照“现状—原因”、“现状—原因—结果”、“历史—现状—未来”、“简单—复杂”等整体结构的统计分析报告是（　　）。

A．并列结构　　　　B．序时结构

C．递进结构　　　　D．三者都不是

4．某厂某产品单位成本计划降低率为 5%、实际降低率 6%，6%－5%＝1%，下面对这个结果的各种文字表述正确的是（　）。

A．某产品单位成本降低计划完成程度 1%

B．某产品单位成本降低计划完成程度 101%

C．某产品单位成本实际降低率与计划降低率相比较，多降低了一个百分点

D．某产品单位成本实际降低与计划降低相比较，多降低了一个百分点

5．通过对样本的实际观察取得样本数据，并在此基础上通过对样本统计量的计算得到总体待估参数的估计值来代替其真实值的方法，叫做（　　）。

A．假设检验　　　　B．参数估计

C．点估计　　　　D．区间估计

6．统计分析的选题要切实可行，从主观上讲主要是指（　　）。

A．有较充足的资料　　　　B．有关人员的支持和协作

C．时间宽裕　　　　D．量力而行

7．统计分析报告的主体是（　　）。

A．标题　　　　B．正文

C．导言　　　　D．附件

8．一篇统计分析的标题拟定为：“我国工业生产的现状、问题和对策”，这种标题形式是（　）。

A．以分析目的为标题　　　　B．以主要论点为标题

C．以主要结论为标题　　　　D．以提问的方式为标题

9．准确的（　　）是统计分析的基础。

A．目的　　　　B．时间

C．数据　　　　D．语言

10．一篇统计分析报告是这样开头的：“去年 5 月 10 日放开肉类等副食品价格，迈出了价格体系改革的第一步。至今出台整一年，人们很想知道这一年城市居民生活水平，特别是食品消费水平是提高了还是降低了？”这种开头形式可称为（　　）。

A．开门见山　　　　B．造成悬念

C．交代动机　　　　D．总括全文

多项选择题（每题有两个或两个以上的答案，请将正确选项代号填入括号中）

1．根据统计分析的目的、作用以及所涉及问题的层次和范围的不同，统计分析可以分为（　　　）。

A．微观分析　B．宏观分析
C．专题分析　D．综合分析
E．监测分析　F．决策分析
G．预测分析

2．统计分析报告的写作特点有（　　）。
A．明确的目的性　B．以定性分析为主
C．文体的特殊性　D．明显的综合性

3．统计分析的作用主要有（　　）。
A．企业经营决策的重要依据
B．发挥统计整体功能的重要手段
C．利于提高统计工作者的综合水平
D．统计人员参与企业经营管理的重要渠道

4．撰写统计分析报告的基本格式包括（　　）。
A．标题的拟定　B．导语的撰写
C．正文的整体层次结构　D．结束语的撰写

5．常见的标题拟定方式有（　　）。
A．以分析目的为标题　B．以主要论点为标题
C．以主要结论为标题　D．以提问的方式为标题

6．导语的写法主要有（　　）。
A．开门见山　B．造成悬念
C．交代动机　D．精炼新颖

7．2005 年，我国轻工业产品出口额达到 1 941.30 亿美元，比 2004 年增长 23.53%，相当于“九五”末期轻工业产品外贸出口额占我国外贸出口总额的 1/4 强。在以上的统计分析资料中，计算的统计指标有（　　）；运用的统计分析方法有（　　）。
A．总量指标　B．发展速度
C．增长速度　D．结构相对数
E．强度相对数　F．综合指标法
G．动态分析法

8．统计分析报告中结束语的常见种类有（　　）。
A．总括全文　B．提出建议
C．首尾呼应　D．篇末点题

9．统计分析报告中的语言运用要求做到（　　）。
A．准确　B．通俗易懂
C．简洁、生动　D．繁琐生僻

10．统计分析报告写作的原则包括（　　）。
A．主题要突出　B．观点和材料要统一
C．语言要力求准确、简洁、通俗、生动　D．结构要严谨
E．要有严肃认真的写作态度

判断题（正确的打“√”，错误的打“×”）

1．统计分析报告属于说明文。（　　）

2．材料是统计分析报告的灵魂，是观点的统帅。（　　）

3．统计分析要用数字说话，用数字说服人，开头可不必过多引用领导人的指示作为论据。（　　）

4．统计分析是透过现象的质量表现来揭示现象的本质及其规律性，并预测其发展趋势的一种认识活动。（　　）

5．统计分析是整个统计活动过程不可或缺的一部分，是统计活动一个极其重要的阶段，是统计设计、统计调查和统计整理的延续和深化。（　　）

6．统计分析是由数字形成概念，从概念形成判断，由判断进行推理，并由此得出结论，所以说准确的数据是统计分析的基础。（　　）

7．过时的统计分析仍会产生预期的作用和效益。（　　）

8．整理统计资料的过程就是对统计资料进行审查、筛选和加工的过程。（　　）

9．定量分析是定性分析的基础。（　　）

10．一个好的选题既体现了分析者的知识水平和业务素质，又可体现统计分析价值之所在。（　　）

填图表题

1．请填写图 8-1 中统计分析程序的有关内容。

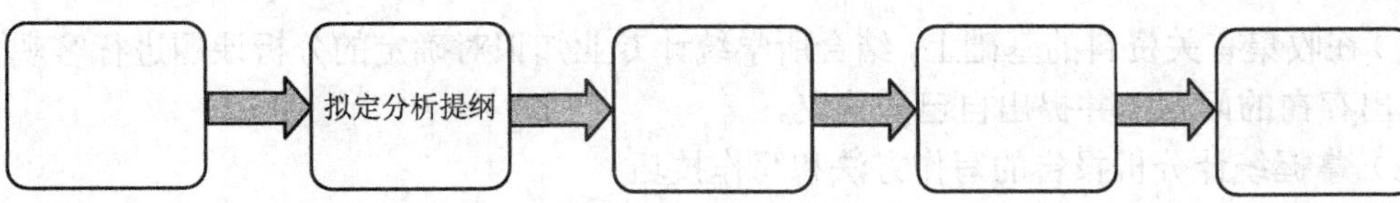

图 8-1　统计分析程序图

2．请阅读下面一组报刊摘要，试判断各题中运用了哪些类型的指标和统计分析方法，并将答案填写在表 8-1 中。

（1）2005 年，中国乳品总产量约为 2 800 万吨，按人口计算人均只有 21 千克。而在人均年饮奶量 400 千克的荷兰，男性平均身高 1.91 米，女性平均身高 1.78 米。

（2）2006 年“五一”黄金周期间，全国共接待旅游者 1.46 亿人次，比 2005 年“五一”黄金周增长 20.0%；实现旅游收入 585 亿元人民币，比 2005 年同期增长 25.2%；旅游者人均花费支出为 401 元。

（3）据国家统计局近日宣布，2010 年上半年我国居民消费价格指数（CPI）为 102.6%，同比上涨 2.6%。

（4）2005 年全国 1%人口抽样调查数据表明：全国人口中，60 岁及以上的人口为 14 408

万人，占总人口的11.03%，老龄化社会正在加速到来。

表8-1　我国社会经济指标种类与统计分析方法

序　　号	指 标 种 类	统计分析方法
(1)		
(2)		
(3)		
(4)		

3．在表8-2中修改统计分析报告的标题。

表8-2　统计分析报告标题修改

修 改 前	修 改 后
从新产品开发、开源节流和综合利用，看提高企业经济效益的途径	
对我省高校后勤社会化改革状况的分析——高校后勤产业化发展的现状与对策	
增加花色品种，提高服务质量——我省上半年饮食行业营业额下降的原因	

实训题

实训

【实训目的】

(1) 在收集有关资料的基础上，结合所学统计专业知识对确定的分析课题进行客观分析，从中找出存在的问题，并提出自己的建议。

(2) 掌握统计分析报告的写作方法和写作技巧。

【实训要求】

(1) 以小组为单位，围绕分析课题，写一篇2 000字以上的分析报告。

(2) 统计分析报告要求条理清晰、结构合理，结合数据指标分析问题；语言简练、准确、生动，既要反映发现的问题，又要提出解决问题的措施。

【实训步骤】

(1) 小组成员根据有关资料对分析报告进行构思并提出自己的初步设想。

(2) 组长集中大家的意见并讨论分析报告的初步框架。

(3) 以小组为单位写出分析报告初稿并交给老师审阅。

(4) 在反复修改的基础上写出正式的分析报告并交给老师。